BRUCKMANNS LÄNDERPORTRÄTS

PERU

»Das Auge irrt auf unbeschreibliche Weise
in dieser gigantischen Natur«
Eduard Poeppig

PERU

Heiko Beyer · Markus Friedrich · Susanne Igler

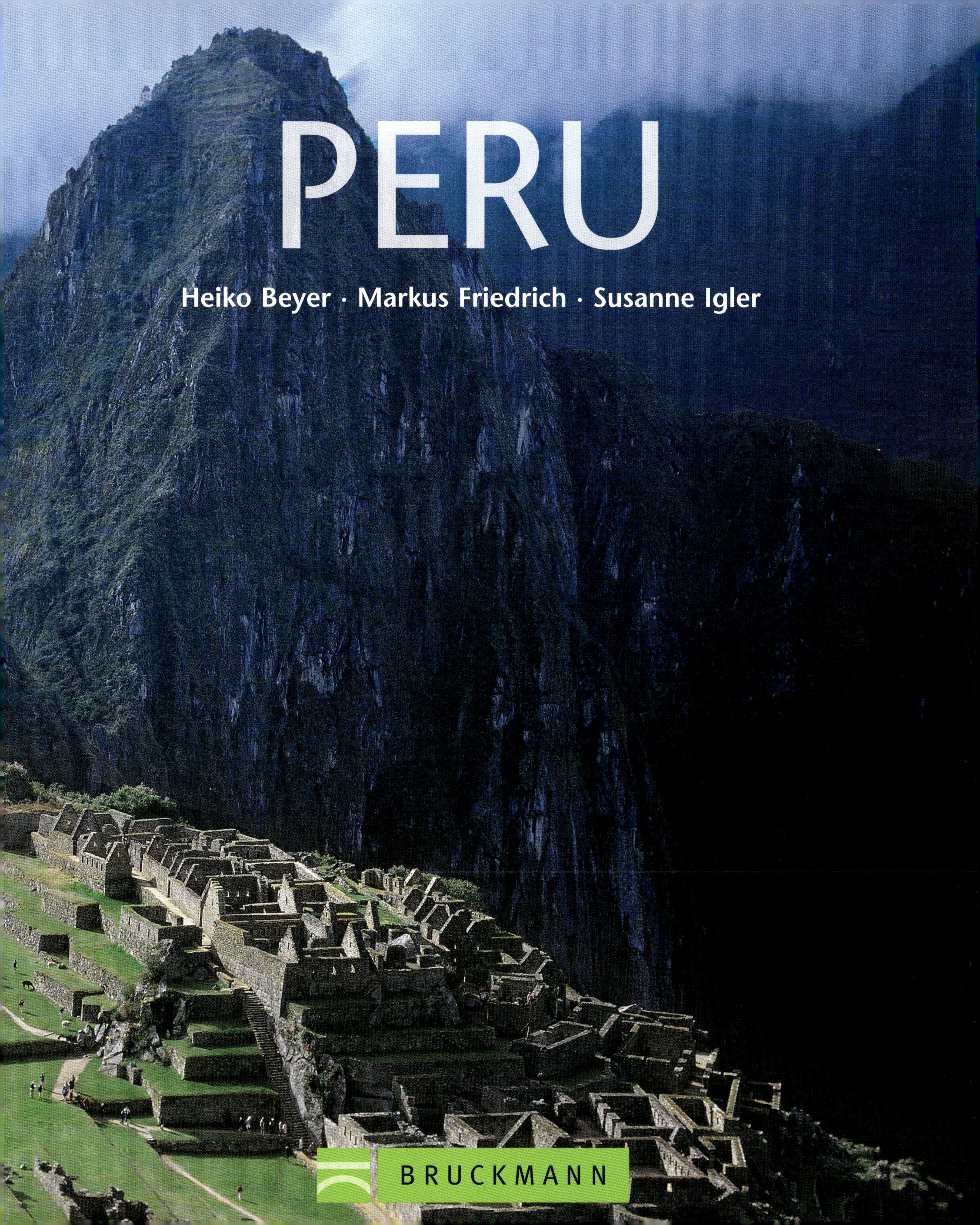

BRUCKMANN

ECUADOR
KOLUMBIEN
BRASILIEN
PERU
BOLIVIEN
CHILE
PAZIFISCHER
OZEAN
A
N
D
E
N
Cord. Blanca
Cord. Vilcabamba
Cord. Real
Tumbes
Colán
Macará
Sullana
Paita
Piura
Olmos
Lambayeque
Chiclayo
Sipán
Thermalquellen
Baños del Inca
Cajamarca
La Huaca Arco Iris
Chan Chan
Trujillo
Moche
La Huaca del Sol
La Huaca de la Luna
Alpamayo
5947 m
Huascarán
6768 m
Chimbote
Casma
Huaraz
Chavín de Huántar
Huanuco
Tingo María
Pativilca
Chachapoyas
Kuélap
Leimebamba
Iquitos
Leticia
Amazonas
Marañón
Huallaga
Ucayali
Río Marañón
Río Santo
Pucallpa
LIMA
Pachacamac
Huancayo
Mantaro
Huancavelica
Ayacucho
Andahuaylas
Chincha Alta
Pisco
I. BALLESTAS
PEN. DE PARACAS
Ica
Lucanas
Líneas de Nazca
Nazca
Ene
Apurímac
Urubamba
Vilcabama
la Vieja
Machu
Picchu
Quillabamba
Ollantaytambo
Pisac
Cuzco
Abancay
Chua Chua
Nev. Ausangate
6336 m
Sicuani
Vilcabama la Vieja
4312 m
Ayaviri
MANU-
NATIONALPARK
Madre de Dios
Puerto
Maldonado
Tambopata
Juliaca
I. AMANTANI
Islas Flotantes
de los Uros
Puno
I. TAQUILE
Lago Titicaca
Santiago
de Huata
La Paz
Copacabana
Tiwanaku
Cruz del Cóndor
Cañon del Colca
Río Colca
Nevado Chachani
6075 m
Nevado Misti
5835m
Arequipa
Camana
Moquegua
Tacna
Arica
0
100 km
N

Inhalt

Kaleidoskop

Landschaften und Regionen

Daten und Fakten

Kaleidoskop

Extrem und spektakulär, armes Drittweltland und unendlich reiches Weltkulturerbe zugleich – das alles ist Peru. Schroffe Schönheit verschneiter Andengipfel, karges, einsames Hochland im klaren Licht, Küste im Nebel und die grüne Hölle des Amazonas machen dieses aufregende Land genauso aus wie geheimnisvolle Ruinen längst vergangener Reiche und Kulturen, üppiger Kolonialbarock sowie eine zwischen Wirtschaftskrise, Terrorismus-Image und stolzem indigenen Erbe zerrissene Gegenwart.

Die Ruinen von Pisac im Valle Sagrado, dem Heiligen Tal, geben den Wissenschaftlern bis heute Rätsel auf.

Seit den Zeiten der Inka gelten Lamas und Alpacas als wichtige Nutztiere in den oft unzugänglichen Andendörfern: Sie dienen als Tragetiere sowie Fleisch- und Wolllieferanten und prägen so den Lebensrhythmus in den Anden.

Eisige Gipfel inmitten der Tropen: In der Cordillera Blanca, der »weißen Bergkette«, locken die fast 7000 Meter hohen Andengipfel Bergsteiger aus aller Welt, um das Dach der Anden einmal aus eigener Kraft zu bezwingen.

Im magischen Licht der blauen Stunde erstrahlt die Plaza de Armas in Cuzco in der Pracht vergangener Jahrhunderte. Wie viele koloniale Bauwerke wurde auch die Kirche La Compañía auf den Grundmauern alter Inkapaläste errichtet.

Die Puya Raymondii ist die größte Ananaspflanze (Bromelie) der Erde. Ihre tausendfachen Blütenstände bescheren den sie bestäubenden Kolibris ein Festmahl.

Zwischen Amazonas und Anden

Weithin sichtbar leuchten die roten Ähren der Quinoa-Felder in den fruchtbaren Tälern der Anden.

»Wenige Menschen dürfen dem Himmel so nahe kommen«, schrieb der deutsche Botaniker Thaddaeus Haenke 1790 seinen Eltern über seine Andenreise, denn in Peru stockt einem nicht nur wegen der dünnen Luft in großer Höhe der Atem: Eine Reise ins moderne Peru ist immer noch auch eine Erkundungsfahrt in die faszinierende Vergangenheit seiner Hochkulturen und eine Begegnung mit seinen bemerkenswerten Menschen und Naturwundern.

Rimaykullayki – ¡Bienvenidos al Perú! – Vielstimmig wird der Reisende in Peru willkommen geheißen. Die kulturelle Vielfalt spiegelt sich in der sprachlichen: Die Menschen grüßen auf Quechua, der heute noch weit verbreiteten Sprache der Inkas, auf Spanisch und, je nach Gegend, in etlichen anderen indigenen Sprachen. Nicht umsonst nennt der Schriftsteller Mario Vargas Llosa Peru das »Land mit den tausend Gesichtern«.

Weit mehr beinhaltet dieses Land als nur die schon Klischee gewordenen Ruinen von Machu Picchu und bunte Indio-Märkte aus dem Hochglanzprospekt der Reiseveranstalter. Gerade die weniger bekannten Ausgrabungsstätten an der Küste – Moche, Sipán oder Chan Chan – laden zur Begegnung mit dem präkolumbianischen kulturellen Reichtum Perus ein. Unübertroffen ist die Artenvielfalt des Manú-Nationalparks. Eine Reise in den Amazonas-Urwald ist auch im 21. Jahrhundert noch ein Abenteuer jenseits geteerter Pisten. Die Surferszene gibt sich in Chicama oder Punta Sur ein Stelldichein. Koloniale Perlen wie Cajamarca im Norden oder Arequipa im Süden lohnen einen Besuch. Am Titicacasee an der Grenze zu Bolivien setzt sich Peru in seiner selbst ernannten Folklorehauptstadt Puno vielleicht am farbenprächtigsten in Szene. Die mächtigen Gipfel und das ewige Eis der Anden locken Bergsteiger aus aller Welt an: »Verrate mir ein Geheimnis! Verrate mir – wo wird die gläserne Klarheit geboren, wo schmelzen die Horizonte, wo betten sich die Wolken zur Ruhe? Ich will es wissen. Die Luft an diesem Ort muss so dünn sein, dass unsere Lunge sich jedes einzelnen Atemzugs entsinnt, das Licht so jung, dass wir kein Bild behalten, wie fest wir unsere Augen auch schließen«, schreibt Pablo Corral Vega.

Geographische Lage

Mit 1,28 Millionen Quadratkilometern ist Peru nach Brasilien und Argentinien das drittgrößte Land des südamerikanischen Subkontinents. Damit ist es in etwa so groß wie Italien, Spanien und Frankreich zusammen. Im Westen wird das Land vom Pazifik begrenzt, im Osten geht es in das Amazonastiefland Brasiliens und Boliviens über. Im Süden liegt bei 18 Grad südlicher Breite die Grenze zu Chile, im Norden reicht der Fluss Putumayo am äußersten Zipfel des Dreiländerecks Ecuador-Kolumbien-Peru in Äquatornähe. Die politisch-administrative Unterteilung der Republik Peru erfolgt in 25 departamentos mit einem Präfekten als Verwaltungschef. Die nächstkleineren Verwaltungsbezirke sind die 180 Provinzen, die sich wiederum in 1747 Distrikte untergliedern.

Den Löwenanteil des Staatsgebiets – 61 Prozent – machen der östliche Andenabhang und der tropische Regenwald, Selva genannt, aus. An den mittleren Lagen der Andenhänge wachsen Kakteen, Orchideen und Bromelien. An der Ostseite werden Kaffee, Kakao und Coca kultiviert. Dort bietet der Bergnebelwald auch Roten Felsenhähnen, Brillenbären, Bergtapiren, Wollhaarbeutelratten und Kolibris eine Heimat. Das Amazonastiefland ist das artenreichste Gebiet der Erde: 1500 Süßwasserfischarten, Mohren- und Brillenkaimane, Riesenottern, Flussdelfine, Anakondas, Ozelote, Papageien, Tukane und unzählige Schmetterlingsarten sind hier anzutreffen. Die schroffen Kordilleren mit ihren Sechstausendern und das Andenhochland mit einer Durchschnittshöhe von 3000 Metern beanspruchen 26 Prozent der Fläche. In den Höhenlagen leben Lama, Alpaka und Guanaco, außerdem Viscachas (Hasenmäuse), Kondore, Andengänse, Tarukas (Andenhirsche) und vereinzelt Pumas. Die Terrassenfelder in den Hochanden produzieren seit Jahrhunderten Mais, Kartoffeln, Amaranth und Quinoa. Der zwar 2250 km lange, aber nur 80 bis 100 km breite Küstenstreifen macht die verbleibenden 11 Prozent des Staatsgebiets aus. In der extremen Trockenheit gedeihen nur in den Oasen Obst, Palmen und Eukalyptus. Am Wasser leben Pinguine, Robben, Seelöwen und viele Fischarten. Der schmale Küstenstreifen beherbergt

Bergig erhebt sich die Insel Taquile aus dem Titicacasee.

Felder in Terrassenbauweise im Tal des Río Colca.

dennoch fast die Hälfte von Perus Bevölkerung, die insgesamt 28 Millionen Menschen zählt. Favorit ist eindeutig die Zehnmillionenmetrople Lima, am dünnsten besiedelt ist die Selva der Amazonasregion, wo gerade einmal zwei Einwohner pro Quadratkilometer und insgesamt 11 Prozent der Bevölkerung leben.

Von Indígenas und Einwanderern

Mindestens ebenso interessant wie die geographische Aufteilung der Bevölkerung ist aber die ethnische: Die Bevölkerung setzt sich aus 11 Prozent *criollos*, weißen Nachfahren der Spanier, und 31 Prozent Mestizen mit sowohl europäischen als auch indigenen Vorfahren zusammen, die in Peru auch leicht abfällig *cholos* genannt werden. Sie besuchen die besten Schulen, dominieren in Machtpositionen und orientieren sich in ihren kulturellen Aktivitäten und Gepflogenheiten vorallem an Europa und den USA. Ihnen stehen 54 Prozent *indígenas* (nicht: Indios, da diese auf Kolumbus' geographischem Irrtum beruhende Bezeichnung als despektierlich empfunden wird) gegenüber, wobei die Quechua die Mehrheit bilden. Rund um den Titicacasee gibt es auch größere Aymara-Gemeinden und in Amazonien leben rund 2 Prozent Tieflandindianer verschiedener Gemeinschaften. Oft wird die teilweise durchaus problematische Frage nach der ethnischen Zugehörigkeit mit dem Ausweichen auf den ideologisch unbelasteten, aber unscharfen Begriff *campesino* (Bauer) beantwortet, der die traditionelle, aber längst nicht mehr von allen Angehörigen dieser Gruppe ausgeübte Tätigkeit umreißt. Die biologische Abstammung ist in Peru ohnehin ein schwieriges Thema, das schnell rassistische Untertöne erhält. Zweifellos hängen Hautfarbe und sozialer Status eng zusammen, auch wenn es prinzipiell eher um kulturelle Unterschiede als um den ethnischen Stammbaum und die Hautfarbe geht.

Das indianische Peru hat viele Gesichter. Die Lebensweise der meist sehr kleinen Gruppen von Tieflandbewohnern ist heute oft vom Kampf gegen die wirtschaftliche Ausbeutung ihres Lebensraumes Amazonien geprägt und hat mit der der Bergbauern in den Anden oder der Migranten in den großen Städten der Küstenregion fast nichts gemein. Letztere stellen die größte Gruppe innerhalb der indigenen Peruaner. Sie haben sich dem Leben in der Stadt angepasst, einige betreiben erfolgreich Geschäfte und Kleinunternehmen, andere sind im Bemühen um sozialen Aufstieg in den urbanen Elendsvierteln hängen geblieben. Die wichtigste Organisationsform in ihrem Leben bilden Netzwerke. Diese gründen sich auf die Herkunft aus dem gleichen Andendorf, dem sie oft zeitlebens verbunden bleiben, auf familiäre Bande oder auf den *compadrazgo*, eine Art ausgefeiltes Patenschaftssystem, mit dessen Hilfe Nicht-Blutsverwandte in einer sozial verbindlichen Beziehung in das eigene Netzwerk mit einbezogen werden. Daneben spielt das *ayni*, das traditionelle andine Prinzip des Teilens und der sozialen Verpflichtung zur Gegenleistung, auch in städtischen Migrantengesellschaften noch eine große Rolle. Dahinter steht die tiefe Überzeugung, dass Widrigkeiten nur solidarisch überwunden werden können und man nur das besitzt, was man verschenkt. *Ayni* spiegelt sich sogar in den Sprachgewohnheiten wider: Im klassischen Quechua gibt es kein Wort für »Danke«, da man einander verpflichtet war und so kein Ungleichgewicht zwischen dem Geber und dem Nehmenden entstand.

Die Trachten der peruanischen Indígenas sind lebendiger Ausdruck tiefer Verbundenheit mit andinen Traditionen.

Die ethnische Vielfalt Perus prägen auch die Nachfahren afrikanischer Sklaven an der Südküste.

Die kulturelle Abgrenzung der indigenen Stadtbevölkerung zum »weißen« Peru ist sehr deutlich und wird meist von beiden Seiten penibel eingehalten. Erst seit allerjüngster Zeit gibt es vereinzelte Bestrebungen, das kulturelle Anderssein zu propagieren und das Recht darauf so offensiv einzufordern, wie dies indigene Organisationen in Bolivien oder Ecuador seit Jahren tun. Schließlich gibt es noch ein kleines Grüppchen von Schwarzen, Chinesen und Japanern (rund 2 Prozent). Die schwarze Kultur Perus konzentriert sich auf Cañete und Chincha südlich von Lima und geht auf die afrikanischen Sklaven zurück, die noch zu Kolonialzeiten nach Peru verschleppt wurden. Dieser Ethnie entstammen Perus populärste Fußballstars und einige bekannte Musiker. Die Nachfahren der chinesischen Eisenbahnarbeiter, die 1870 bis 1893 die spektakuläre Strecke zwischen Lima und Huancayo – ein Meisterwerk der Ingenieurskunst mit dem höchsten Bahnhof der Welt in Galera (4781 Meter) – bauten, leben größtenteils in Limas Barrio Chino. Sie bereichern die Esskultur mit einer Vielzahl von China-Restaurants, wo Spezialitäten serviert werden, die auf originelle Weise Peruanisches und Chinesisches verbinden. Der prominenteste Vertreter der japanischstämmigen Minderheit, deren Vorfahren um 1900 vor allem als Arbeitskräfte auf den Zuckerrohrplantagen Perus gebraucht wurden, ist sicherlich Expräsident Alberto Fujimori. Eine bevölkerungspolitische Kuriosität sind die kleinen deutschen Kolonien in Pozuzo und Oxapampa, die auf Auswanderer im 19. Jahrhundert zurückgehen. 1855 kamen im Rahmen des zweiten Siedlungsvertrags zur Anwerbung deutscher Handwerker ungefähr 300 Immigranten aus Tirol, dem Rheingau und dem Moselgebiet nach einer fast zweijährigen Wanderung vom Tiefland durch die Anden nach Pozuzo. In den 1860ern folgten nochmals 200 Auswanderungswillige, so dass man heute noch in der nördlichen Selva auf blonde Schöpfe stoßen kann. Oxapampa grüßt auf 1814 Metern Höhe mit dem Zwiebelturm der Dorfkirche und Holzhäusern im Tiro-

Warten auf den nächsten Bus im Hochland bei Chinchero.

ler Stil inmitten von Kaffeeplantagen. Von dort folgt eine abenteuerliche Piste dem engen Flusstal des Río Hancabampa in das 1100 Meter tiefer gelegene Pozuzo, das früher sogar Tirol hieß und heute noch einen Ortsteil namens Prusia (Preußen) hat. Bis zum Straßenbau 1975 war die Region vom Rest Perus weitgehend abgeschnitten. Viele der 8000 Einwohner des Distrikts pflegen auch heute noch einen Tiroler Dialekt, auch wenn das Spanische zunehmend an Sprechern gewinnt. Die Selbstversorger leben in dem sehr fruchtbaren Tal von Rinderzucht und Ackerbau. Im Gegensatz zu anderen lateinamerikanischen Ländern wie Chile und Argentinien spielt Peru als Exil für – vorwiegend jüdische – Opfer und später auch für Täter aus dem »Dritten Reich« eine sehr untergeordnete Rolle.

Weniger kompliziert als die Frage nach der ethnischen Zugehörigkeit ist die der Religion: Offiziell ist fast ganz Peru katholisch (89 Prozent) und hat nur eine kleine protestantische Minderheit. Wenige sind offene Anhänger von Naturreligionen, meist handelt es sich um sehr zurückgezogen lebende Amazonasvölker. Etwas anderes wäre es, die Menschen nach ihren tatsächlichen Überzeugungen zu fragen, denn oft werden die christlichen Heiligen zusammen mit den präkolumbianischen Göttern verehrt, seien es die Apus des Hochlands oder die Geister, die die beseelte Natur des Tieflands von alters her bevölkern.

Sprachliche und kulturelle Vielfalt

Heute ist die Amtssprache des Landes ausschließlich Spanisch, das in Peru meist *castellano* (Kastilisch) genannt wird. Daneben sprechen aber über 47 Prozent der Peruaner rund um Cuzco und Ayacucho vor allem Quechua, auch Runasimi genannt, die »Sprache

Das Angebot des farbenfrohen Markts in Pisac beginnt bei frischem Gemüse

des Volkes«. Von den Spaniern 1781 verboten, wurde es erst 1975 bis 1979 wieder als Amtssprache zugelassen und wird seit 1988 sogar in Programmen zur zweisprachigen Erziehung gefördert. Spannend ist, dass fast alle Ortsbezeichnungen der Andenländer aus dem Quechua stammen und meist sprechende Namen sind. Der Inkagruß »Ama sua, ama llulla, ama kella« ist gleichzeitig eine zentrale Verhaltensregel der Andenbewohner und wird auch heute noch benutzt: »Sei kein Dieb, sei kein Lügner, sei kein Faulpelz«.

Rund um den Titicacasee und im benachbarten Bolivien ist auch Aymara, die Sprache einer präinkaischen Hochkultur auf dem Altiplano, noch weit verbreitet. Daneben gibt es besonders im Amazonastiefland unzählige indigene Sprachenvarianten mit kleineren Sprechergemeinschaften.

Peru ist ein sehr junges Land: Rund 40 Prozent der Einwohner sind unter 15 Jahre alt. Trotz allgemeiner Schulpflicht kann aber ein Viertel von ihnen nicht zur Schule gehen. Damit erklärt sich auch die hohe Analphabetenrate von einem Drittel der Bevölkerung über 15 Jahre. Auffällig ist, dass es mehr als doppelt so viele Frauen wie Männer unter den Leseunkundigen gibt.

Wirtschaft

Im Zeitalter der Globalisierung sind die amerikanische Freihandelszone NAFTA und die EU die wichtigsten Außenhandelspartner Perus, gefolgt von Asien und der Schweiz. Importe kommen vorzugsweise aus den NAFTA-, CAN- und Mercosurländern sowie der EU. Dabei bestreiten die Bergbauprodukte Gold, Silber, Blei, Kupfer, Zink und Eisenerz immerhin 45 Prozent der Exporte, gefolgt von Fischereiprodukten und Obst, wohingegen Erdöl aus dem Amazonas und den nördlichen Küstengebieten weitgehend dem Eigenbedarf dient. Neben diesen Wirtschaftszweigen nimmt die Industrie mit nicht einmal einem Viertel des Bruttoinlandsprodukts eher wenig Raum ein, doch arbeiten 13 Prozent der Arbeitnehmer in den Textil-, Nahrungsmittel-, Metall- und Chemiewerken. Kleinere Familienbetriebe verarbeiten vor allem Wolle und Jute. Der

... und ist mit exotischen Gewürzen noch lange nicht erschöpft.

größte Arbeitgeber des Landes, das offiziell nur 9 Prozent Arbeitslose hat, ist die Schattenwirtschaft, mit einem Drittel des BIP der ertragreichste Wirtschaftszweig. Im Vergleich mit Zeiten galoppierender Inflation – im Jahr 1990 waren es 7600 Prozent – ist die aktuelle Rate von 3,7 Prozent überschaubar.

Fisch- und Landwirtschaft

Die reichen Fischgründe vor der Küste begründeten schon früh den Aufstieg der Fischindustrie. Neben Meeresfrüchten und Fisch für die heimischen Restaurants ist vor allem der Anchovisfang für die Konservenindustrie wichtig, auch wenn aufgrund des Klimaphänomens El Niño und zunehmender Überfischung die Bestände weniger werden. War Peru noch 1970 weltweit Fischfangnation Nummer eins, verursachten in den 1990er-Jahren zahlreiche an japanische Firmen vergebene Fanglizenzen einen Niedergang. Bei Chimbote nördlich von Lima blüht die Fischmehlverarbeitung, die 20 Prozent der peruanischen Ausfuhren ausmacht.

Daneben ermöglichen die rund 40 Flussoasen im fruchtbaren Schwemmland des Küstenstreifens trotz des extrem trockenen Klimas intensive Landwirtschaft: Dort gedeihen Orangen, Weintrauben, Zuckerrohr, Oliven, Reis und Baumwolle. In letzter Zeit nimmt auch das Kultivieren von Spargel und Schnittblumen als Exportwaren immer mehr zu.

Auch im andinen Hochland dominiert die Land- und Viehwirtschaft. Wolle wird bei der Alpakazucht produziert, in begrenztem Maß auch Fleisch. Seit Jahrhunderten werden in bewährter Inkamanier auf kleinen Terrassenfeldern mit Hilfe eines ausgeklügelten Bewässerungssystems Kartoffeln, Mais und die Getreidearten Quinoa und Kiwicha angebaut. Die indigene bäuerliche Bevölkerung hält an den bewährten, jahrhundertealten Anbaumethoden fest, die eine erstaunliche Sortenvielfalt an Kartoffeln hervorgebracht haben, aber den Bauern nur ein eher karges Auskommen ermöglichen. An den Hängen des Nebelregenwaldes gedeihen Kaffee in bester Arabica-Qualität und Tee – und außerdem der Koka-Strauch. Kaffee gehört neben Zuckerrohr folglich auch zu den bewährten Exportprodukten. Forstwirtschaft wird an der Andenostseite und im Amazonasgebiet vorwiegend illegal betrieben, da eine kontrollierte Nutzung des Waldes fehlt.

Koka ist nicht Kokain

Kompliziert wird es bei den stimulierenden Blättern des Koka-Strauchs: Die Kultivierung des bis zu fünf Metern hohen, immergrünen Strauchs, der drei bis vier Ernten im Jahr ermöglicht und wenig Ansprüche an den

Seit 3500 v. Chr. steht die andine Kultur im Zeichen des Maisanbaus.

Boden stellt, hat in den Andenländern eine lange Tradition. Den Inkas galten die Blätter als Geschenk der Götter, noch heute spielen sie bei Schamanen, Wahrsagern und Heilern eine wichtige Rolle als Opfergabe und Medizin. Alte Keramiken bilden oft den Genuss von Kokablättern ab. Auch zahlreiche Grabbeigaben wurden gefunden. Neben dieser religiösen Funktion spielt Koka aber auch eine wichtige Rolle im täglichen Leben. Ein Aufguss aus Cocablättern, *mate de coca*, hilft bei Verdauungsproblemen ebenso wie bei leichten Beschwerden durch die Höhe. Heute nutzt dies die Pharma- und Kosmetikindustrie auf vielfältige Weise. Gemeinsames Kokakauen hat bei den Hochlandbewohnern zudem integrative Funktion. Rund zwei Stunden werden zehn bis fünfzehn Blätter zusammen mit einer alkalischen Substanz aus Pflanzenasche und Kalk gekaut, um das Alkaloid Ecgonin freizusetzen. Der Zweistundenzeitraum ist in den Anden auch ein traditionelles Zeit- und Wegmaß: Arbeiten und Wegstrecken werden oft in *coquedas*, in Kauperioden angegeben. Das Alkaloid lässt Hunger und Durst vergessen, macht weniger kälteempfindlich und lindert den Schmerz – kein schlechter Nebeneffekt im harten, entbehrungsreichen Leben in den Anden. Die spanischen Kolonialherren setzten diese Wirkung gezielt ein, um indigene Zwangsarbeiter in den Gold- und Silberminen bis zum völligen Zusammenbruch auszubeuten – obwohl die Kirche 1569 Koka als Teufelswerk geächtet hatte.

Die Blätter des Kokastrauchs: uraltes Kulturgut des Andenraumes und zugleich Grundstoff gefährlicher Drogen.

Als Perus Nachbar Bolivien 1992 auf der EXPO in Sevilla offensiv mit dem Spruch »Coca no es Cocaina« für die alte Kulturpflanze warb, betonte es den Unterschied zwischen dem der andinen Tradition verhafteten medizinischen und sozialen Kokagenuss und dem Einsatz als gefährliches modernes Rauschmittel. Erst durch komplizierte chemische Prozesse im Labor wird aus den getrockneten Kokablättern zuerst Kokapaste und dann Kokainhydrochlorid. Dieses wird dann von den Rauschgiftkartellen aus den geheimen Dschungellabors ausgeflogen, um in Kolumbien zu reinem Kokain für den amerikanischen und europäischen Drogenmarkt veredelt zu werden. Rund 600 Kilo der grünen Blätter sind nötig, um ein Kilo des weißen Pulvers zu erzeugen. Bei allem Risiko ist das illegale Geschäft mit dem Rauschmittel ein äußerst einträgliches. So ist es nicht verwunderlich, dass von den 300 000 Tonnen jährlich produzierten Kokablättern nur rund 45 000 Tonnen von traditionell kokakauenden Peruanern und der medizinischen Industrie legal und von der staatlichen Ankaufstelle ENACO kontrolliert verbraucht werden. Trotz der massiven Bombardierung von illegalen Anbauflächen durch peruanische Militärs und der vehementen Einmischung der US-amerikanischen Drogenbehörde DEA kann der Kokaanbau für die Drogenproduktion nicht gestoppt werden. Zu unübersichtlich

Das goldene Vlies der Anden: Das feine Brustfell der Vicuñas liefert die teuerste und hochwertigste Wolle Perus.

ist das Terrain, zu vielfältig die Rückzugsmöglichkeiten für die Betreiber der Dschungellabore, zu lukrativ das Geschäft. Die Versuche, die rund 200 000 Kokabauern zum Anbau von Bananen, Kaffee oder Palmherzen statt Koka zu bewegen, scheitern daran, dass mit dem Verkauf des grünen Goldes ein Vielfaches des Preises für andere landwirtschaftliche Produkte erlöst wird. Rund drei Milliarden Euro werden jährlich allein in Peru mit dem Kokaingeschäft umgesetzt. Bei einem Bruttoinlandsprodukt von 55 Milliarden Dollar (2001) ist das ein beachtlicher Posten. Solange der internationale Drogenabsatzmarkt weiterhin stabile oder gar steigende Preise für das weiße Pulver aus den Anden bietet, wird sich daher am illegalen Kokaanbau nichts ändern.

Tourismus als Hoffnungsträger

In keinem anderen Land der Erde machen Archäologen und Forscher noch immer so viele Entdeckungen von Schätzen vergangener Kulturen wie in Peru. Das reizt auch die Entdeckungslust des Durchschnittstouristen. Neben Hunderttausenden Nordamerikanern besuchten laut Angaben der nationalen Tourismuskammer Perus CANATUR 238 200 Touristen aus Europa in den ersten neun Monaten des Jahres 2006 das Land – 18 Prozent mehr als im Vorjahr. Dazu trug vermutlich die Wiederaufnahme von Direktflügen bei, die in Zeiten des Terrors in den 1990ern-Jahren eingestellt worden waren. Die staatliche Tourismusbehörde PromPerú bemüht sich sehr, nach der touristischen Stagnation wegen des Terrors des Sendero Luminoso die Vorteile des Landes mit neu gestaltetem Internetauftritt und umfassenden Werbemaßnahmen in Szene zu setzen. Neben einer ökologisch vernünftigen Reglementierung der Menschenströme auf dem Inkatrail in Peru gehören dazu die Einrichtung sechs landschaftlich schöner und kulturell interessanter Routen wie die Goldroute durch die Anden von Lima über Ancash, Huanuco, Junin und Pasco, oder die Route von Andagua durch das Tal der Vulkane über Cotahuasi, Tomepampa, Alca und Puyca. Ziel ist, die bisher touristisch noch weniger erschlossenen Gebiete an die Tourismusströme anzugliedern und ihre wirtschaftliche Entwicklung zu fördern. Daneben wird zunehmend auf Qualitätsstandards bei den Tourenanbietern geachtet, besonders auch hinsichtlich der Umweltverträglichkeitskriterien bei dem immer beliebteren Ökotourismus in den Regenwald.

Geschichte

»Es wird weitergegraben ... denn wir brauchen die letzten 5000 Jahre, um die nächsten 100 mit einiger Gelassenheit ertragen zu können«, schrieb C. W. Ceram in seinem weltberühmten Buch »Götter, Gräber und Gelehrte«. Vielleicht gilt dies besonders für Perus immensen historischen Reichtum. Vor rund 20 000 Jahren, im Dunkel der Frühgeschichte, erreichten wohl die ersten Jäger und Sammler, Nachfahren der asiatischen Beringstraßen-Wanderer, von Norden kommend das heutige Peru. Erste Siedlungsspuren konnten um diese Zeit im Becken von Ayacucho, in Pikimachay, festgemacht werden. Die frühen Kulturen werden von der Wissenschaft in verschiedene Zeitetappen, so genannte Horizonte, eingeteilt, wobei die Jahreszahlen in der Literatur durchaus variieren. Zu viele Unwägbarkeiten gibt es noch, zu viele Geheimnisse, die die Forschung erst lüften muss.

Über allem schwebt stets die ungeklärte Frage, warum die jeweilige Kultur wieder im Dunkel der Geschichte verschwand. Vermutet werden Kriege, Seuchen, Naturkatastrophen oder übermäßige Ausbeutung der Ressourcen als mögliche Gründe für den Untergang. Die sich ständig weiterentwickelnden Methoden moderner Wissenschaft werden zur Erhellung des Rätsels beitragen.

Mais – der Schlüssel zur Zivilisation

Der Beginn der Haustierhaltung und des Ackerbaus vor rund 7000 Jahren und speziell die Kultivierung des Mais ab 3500 v. Chr. waren die unerlässlichen Voraussetzungen für die Entwicklung der ersten Hochkulturen. Diese entwickelten sich erstaunlicherweise nicht an der Küste, wo der Fischfang den Menschen ein gutes Auskommen ermöglichte, sondern im kargen Bergland am westlichen Fuße der Cordillera Blanca. Zwischen ungefähr 1000 und 200 vor der Zeitrechnung entstand in Chavín de Huántar eine Kultur, die Raubtiergottheiten verehrte und auf 3000 Metern Höhe die ersten steinernen Bauwerke Perus schuf. Berühmt sind vor allem die Nagelköpfe aus Stein und die Darstellungen von Menschen und Tieren. Paracas unterhielt intensive Handelsbeziehungen mit der Tiwanaku-Kultur südlich des Titicacasees (100 v. Chr. bis 1000 n. Chr.), deren monolithische Figuren und deren Sonnentor noch heute beeindrucken. Ganz Peru, Bolivien und Nordchile standen damals unter dem Einfluss dieses Hochlandvolkes, auch wenn bisher ungeklärt ist, ob es sich um ein politisches oder rein spirituelles Reich handelte. Als Nachfolger der Paracas-Kultur ist Nazca zu sehen, dessen zu Beginn der Zeitrechnung entstandene Linien im Wüstensand phantasievolle Spekulationen über ihren Sinn und Zweck hervorgerufen haben. Die Nazca-Keramik mit ihren Darstellungen von Orca, Zackenschlange und gefleckter Raubkatze beschert einen regelrechten Farbenrausch.

Der Regenwald ist eines der artenreichsten Ökosysteme der Erde.

Luxus fürs Totenreich: die Moche-Gräber

Um 200 n. Chr. blühte für fünf Jahrhunderte am Ufer des Moche-Flusses in der Nähe von Trujillo die gleichnamige Kultur, deren Wurzeln über das Bindeglied der Vicús-Kultur (100 v. Chr. bis 600 n. Chr.) bis nach Chavín weisen könnten – wenn Grabräuber in den 1960er-Jahren die wunderbar gearbeiteten metallenen Vicús-Hinterlassenschaften nicht fast komplett vernichtet hätten. Wie die Nazca-Kultur erreichte auch die der kriegerischen Mochica um 500 n. Chr ihren Höhepunkt. Aus dieser Zeit stammen die größten Pyramiden Südamerikas, die zu Ehren der Sonne und des Mondes aus Lehmziegeln errichtet wurden. Weltberühmt sind die Mochica auch wegen ihrer Töpferkunst und der Angewohnheit, auch Gebrauchsgegenstände mit vollplastischen Skulpturen – oft sexuellen Inhalts – zu schmücken.

Eine archäologische Sensation der 1990er-Jahre war die Entdeckung des Grabes des Señor de Sicán bei Lambayeque und des Señor de Sipán nahe des benachbarten Chiclayo. Beide Regionalfürsten waren in außerordentlichen Luxusgräbern mit komplexer Symbolik bestattet worden, die detaillierten Aufschluss über die Lebensumstände und kulturellen Höchstleistungen im Einflussbereich der Moche geben. Der Fund von Sipán weist auch auf den fortschreitenden Einfluss der aufsteigenden Chimú (1000 bis 1450 n. Chr.) auf die regional ansässigen Herrscherhäuser hin.

Diese Meister der Goldbearbeitung kamen laut einer Legende mit ihrem ersten König Naylamp aus Ecuador und errichteten ein Reich aus relativ selbstständigen Stadtstaaten zwischen Lima und dem Süden Ecuadors.

Nach der Gefangennahme ihres letzten Königs 1450 ging das Chimú-Reich im Inka-Imperium (1200 bis 1572) auf.

Dieses Schicksal teilten die Chimú mit den Chachapoyas (1000 bis 1400 n. Chr.), den legendären Wolkenkriegern, die sich den Inkas lange heftig widersetzten, aber schließlich doch ergeben mussten, sowie den Cuismancu, den Bewohnern von Pachacamac (800 bis 1400 n. Chr.), dem bedeutendsten Zeremonialzentrum der Küstenregion, dessen Orakel auch von den Inkas noch befragt wurde.

Zeugen der Vergangenheit: Kunstvolle Reliefs der Chachapoyas-Kultur an der Festung von Kuelap. Den Archäologen gelang es, aus hunderten von Bruchstücken die typischen Rundhäuser dieser Kultur zu rekonstruieren (unten). Nacherlebte Geschichte beim Inti-Raymi-Fest, der Wintersonnwendfeier der Quechua (Mitte), perfekt ineinandergepasste Mauersteine der Inka (oben).

Panandine Hochkultur

Der kometenhafte Aufstieg des Inkareichs, das Ecuador bis Nordchile und Argentinien umfasste, nimmt in der Schöpfungsgeschichte vom ersten Inka Manco Capac und seiner Schwester und Gattin Mama Ocllo, die Kinder des Sonnengottes Inti waren, seinen Anfang. Die hervorragenden militärischen Strategen verleibten sich

Hoch über Cuzco leuchten die Überreste der alten Inkafestung Sacsayhuaman im Abendlicht.

nach und nach die umliegenden Kulturen ein und machten sie tributpflichtig. Ihr Eroberungsgebaren war nicht religiös begründet, sondern beruhte vielmehr auf dem Großmachtanspruch eines sendungsbewussten Volkes.

Ein dichtes Straßennetz hielt das Reich der vier Weltgegenden, Tawantinsuyu, zusammen, die Staatssprache Quechua und die Staatsreligion um den Sonnengott und seinen Sohn, den jeweiligen Gottkönig, einten es. Dabei unterdrückten die Inkas nie völlig die regionalen Sprachen und Gottheiten, sondern gliederten sie geschickt ins Reich ein. Trotz dieser gezielten Inkaisierung handelte es sich um einen instabilen Vielvölkerstaat, der des Öfteren durch Zwangsumsiedlung von unzufriedenen Vasallen, Mimac genannt, befriedet werden musste.

Zur Blütezeit besaß das Reich eine Ausdehnung von 4000 Kilometern Länge und 500 Kilometern Breite. Lediglich die unabhängigkeitsliebenden Mapuche in Südchile und die sich mit Pfeilgiften und Hinterhalten wehrenden Amazonasindianer geboten dem Expansionsdrang Einhalt. Monumentale Bauten künden von einem hohen Grad an Baukunst und einer florierenden Wirtschaft, die auf einem ausgeklügelten Landwirtschaftssystem mit in die Landschaft eingepassten Terrassenfeldern und Bewässerungskanälen beruht. Ihre Kunstfertigkeit in der Verarbeitung von Edelmetallen, denen sie keinen materiellen Wert beimaßen, wurde ihnen jedoch zum Verhängnis.

Eroberung und Kolonialisierung

Auf der Suche nach dem mythischen El Dorado, dem Goldland, drangen 1531 180 Spanier unter dem Kommando von Francisco Pizarro in das Sonnenkönigreich ein und eroberten es quasi im Handstreich. Dies war nur möglich, weil das straff organisierte Imperium nach dem Tod des Inka Huayna Capac in einen Erbfolgekrieg sondergleichen verwickelt war. Pizarro nahm den Sieger Atahualpa gefangen, ließ ihn trotz erfüllter Lösegeldforderungen hinrichten und zwang das nun kopflose Reich mit Hilfe von Feuerwaffen, schneller Schlagtaktik und indianischen Verbündeten in kürzester Zeit in die Knie. Auch die letz-

Das Herz der »Weißen Stadt« Arequipa, die Plaza de Armas.

te Rückzugsbastion der Inkas in den unzugänglichen Bergen von Vilcabamba wurde von den Spaniern 1572 überrannt.

Schon während der Eroberungsphase hatte der indigenen Bevölkerung ein Problem zu schaffen gemacht, das sich in der Kolonialzeit noch verschlimmerte: Den eingeschleppten Seuchen wie Masern und Grippe hatten sie keine Abwehrkräfte entgegenzusetzen. Zwangsarbeit in den gierig ausgebeuteten Minen und überhöhte Abgaben taten ein Übriges, um die Bevölkerung ganz beträchtlich zu dezimieren. Die Kirche missionierte mit Feuer und Schwert und hielt so genannten »Irrglauben« mit Hilfe der Inquisition in Schach. Papst Alexander VI. hatte 1493 die Eroberung der gerade von Kolumbus entdeckten Neuen Welt mit der Auflage zur Verbreitung des Christentums verbunden. Nun suchten angesehene Kirchenmänner wie Francisco de Vitoria und José de Acosta nach einer handfesten Gebrauchstheologie, die die Zwangsrekrutierung indianischer Arbeiter im Austausch mit christlicher Unterweisung – das Grundprinzip des kolonialen Encomienda-Systems – regeln sollte. Die Missionierung hingegen zeigte eher äußerlichen Erfolg: die indigene Bevölkerung lernte zwar die christlichen Gebete, aber »die dogmatisch aufgeladene Heilslehre und ihre Frömmigkeitsmuster waren ihrer Gefühlswelt fremd«, bemerkt Rolf Seeler. Die alten Götter wurden heimlich weiter verehrt. Erfolgreicher waren in dieser Hinsicht die Jesuiten, die bis zu ihrer Vertreibung 1767 eine auf die indigene Gefühlswelt abgestimmte, modifizierte »Indianische Glaubenslehre« verbreiteten und in ihren Indianerreduktionen, bis weit nach Oberperu (das heutige Ostbolivien) hinein, ihre Zöglinge vor der Ausbeutung durch das Encomienda-System schützten.

Während die gewaltigen Silbervorkommen, vor allem am heute bolivianischen Cerro Rico, sowie Quecksilberfunde und Goldminen des neuen Vizekönigreichs Peru das Mutterland Spanien immens bereicherten, kam es in den Kolonien immer wieder zu

Laut und farbenfroh: Der Wachwechsel vor dem Regierungspalast in Lima.

Aufständen. Die Landbevölkerung ächzte unter dem Joch der Kolonialherren und verarmte zusehends. Dagegen wuchsen die Haciendas auf Kleinstaatengröße an. Die Gesellschaft war streng geteilt. Die Indígenas wurden auf Distanz gehalten: Sie durften nicht zu Pferde reiten, keine Waffen tragen, nicht dieselbe Kirche besuchen, und Mischehen waren verboten. Die ständig in das Tiefland vordringenden Abenteurer und Goldsucher machten zudem die Bemühungen der Missionare um ein fruchtbares Zusammenleben brutal zunichte. Die Spannungen entluden sich 1742 in einem großen Urwaldaufstand, als Folge war das Amazonastiefland rund 100 Jahre für Europäer kaum betretbar. Ansonsten pflegte die Krone mit Unzufriedenen kurzen Prozess zu machen: 1781 wurde der Rebellenführer Tupac Katari in La Paz hingerichtet, Tupac Amaru II. und seinen engsten Getreuen widerfuhr in Cuzco das gleiche Schicksal. Die blutige Niederschlagung ihrer Rebellion führte zu einer noch stärkeren Unterdrückung einer ganzen sozialen Schicht. Zusätzlich wurde die Aristokratie, die ihre Stammbäume auf die Inka zurückführte, komplett entmachtet und Quechua als Umgangssprache verboten. Daraus erklärt sich die mangelnde Beteiligung dieser Bevölkerungsgruppe an der Unabhängigkeitsbewegung ein halbes Jahrhundert später.

Das unabhängige Peru

Während Spanien sich gegen die Expansionsgelüste Napoleons wehrte und folglich sich nicht viel um die Kolonien kümmern konnte, wuchs bei den Kreolen die Sehnsucht, sich vom Mutterland wirtschaftlich und politisch loszusagen. Das Vizekönigreich Neu-Granada (Ecuador, Kolumbien, Panama und Venezuela), das unter der Bourbonenherrschaft aus Peru herausgelöst worden war, machte unter der Führung von Simón Bolívar zusammen mit Argentinien den Anfang. Für Peru als letzte Bastion der Kolonialherrschaft kam die Freiheit von außen: San Martín, Sucre und Bolívar brachten das Vizekönigreich 1824 endgültig zu Fall, doch hinterließen die Bemühungen um die Unabhängigkeit ein zutiefst gespaltenes Land. Statt einer echten Führungselite teilten sich die *caudillos*, die ehemaligen Befehlshaber der Befreiungskriege, die Macht. 34 Präsidenten in nur 40 Jahren wirt-

Ein kleines Schwätzchen auf der Plaza de Armas in Puno.

schafteten vor allem in die eigene Tasche, eine gesellschaftliche Konsolidierung fand kaum statt. Die Wirtschaft lebte wie zu Kolonialzeiten hauptsächlich vom Rohstoffexport. Um die steigende Nachfrage nach Agrarprodukten befriedigen zu können, wurden die 1854 freigelassenen schwarzen Sklaven durch rund 100 0000 angeworbene, schlecht behandelte und bezahlte, chinesische Kulis ersetzt. Dank des Düngerbedarfs der europäischen Industrienationen und der Ausbeutung der peruanischen Guano-Vorkommen boomte Mitte des 19. Jahrhunderts trotz immenser Auslandsschulden die Wirtschaft, was erstmals eine bürgerliche Schicht entstehen ließ. Im letzten Drittel des 19. Jahrhunderts wurde der tierische Guano von mineralischem Salpeter in Südperu abgelöst. Allerdings teilte man sich die Vorkommen mit Nordchile und Südbolivien, was einen Konflikt um eine mögliche Exportsteuer im so genannten Salpeterkrieg eskalieren ließ. Peru wurde als Verbündeter Boliviens von den modern ausgerüsteten, von Briten unterstützten Streitkräften Chiles angegriffen, die 1881 sogar bis Lima vorrückten. Der Friedensschluss war schmerzhaft: Bolivien verlor seinen einzigen Zugang zum Meer und Peru musste Arica und Iquique abtreten.

Soziale Spannungen

Im unwegsamen Gelände des Amazonas wurde unterdessen ein neuer Rohstoff für den Weltmarkt entdeckt: Kautschuk. Während der Naturgummi unter unsäglichen Bedingungen von Indígenas zum Wohl der Kautschukbarone geerntet wurde, entstand in Lima ein erstes Bewusstsein für den Arbeiterschutz. Nach einer Streikwelle 1918/19 wurde der erste Gewerkschaftsdachverband gegründet. Doch die sozialen Fortschritte erstreckten sich nicht auf die verarmten Hochlandbewohner, die zudem ihre indianischen Wurzeln eher mit Scham als mit Stolz betrachteten. Intellektuelle wie José Carlos Mariátegui suchten nach einem neuen Selbstverständnis des Landes, das das indigene Erbe integrieren und die lebendige Tradition der Gemeinschaftsarbeit mit sozialistischen Gesellschaftsvorstellungen verknüpfen sollte. Unter der Präsidentschaft von Augusto B. Leguía (1919–1930) waren solche Gedanken unerwünscht; er propagierte eine rapide Modernisierung der Wirtschaft. Diese gelang in den folgenden Jahren, die von Auseinandersetzungen zwischen Militär und der APRA (Alianza Popular Revolucionaria Americana) geprägt waren. Hohe Weltmarktpreise für Rohstoffe hatten nach dem Zweiten Weltkrieg verstärkte Industrialisierung in Form von Joint Ventures zur Folge, Lima wurde dank der Fischmehl-Industrie zum größten Fischereihafen der Welt.

Die Militärs bemächtigen sich des Staates

Dies begünstigte eine massive Landflucht, die Lima in Windeseile zur Millionenstadt werden ließ. Das Militär griff 1962 massiv in die gesellschaftliche Entwicklung ein und erzwang

Spanische Traditionen in Nordperu: elegante Dressurpferde »Caballos de Paso« und der Nationaltanz »Marinera«.

Die Nachfahren reicher spanischer Familien leben noch heute in prächtigen Besitztümern an der peruanischen Küste.

mittels Putsch die Wiederholung der Wahl. Noch vor Ablauf der relativ erfolglosen Amtszeit Fernando Belaúnde Terrys mischten sich die Generäle erneut ein, diesmal jedoch, um selbst zwölf Jahre lang an der Macht zu bleiben. Der von ihnen propagierte »dritte Weg« einer reformistischen Militärdiktatur verstaatlichte zwar im großen Stil ausländische Unternehmen, lehnte aber nach dem Motto »weder Kapitalismus noch Kommunismus« ausländisches Kapital nicht ab. Die Agrarreform überführte 1969 Großbetriebe in kollektives Eigentum, bei dem jedoch Saisonarbeiter nicht berücksichtigt wurden. Dadurch wurde neues Konfliktpotenzial geschaffen. Eine Eindämmung der Landflucht blieb aus, Wirtschaftswachstum gab es nur bis 1973. Gesellschaftlich stand eine Aufwertung des indigenen Erbes im Vordergrund, das vor allem in den Städten zu einer positiven Bewertung der eigenen mestizischen Identität führte, aber die Nachkommen der schwarzen Sklaven und asiatischen Eisenbahnarbeiter ausschloss. Nach steigender Inflation und Versorgungsschwierigkeiten gingen die Militärs im Jahr 1975 zur »zweiten Phase« über. Radikale Sparzwänge, eine allgemein konservativ orientierte Politik und systematische Unterdrückung Andersdenkender waren die Folge. Als die Regierung die vom IWF verordneten Bedingungen für Umschuldungskredite mit weiteren Abwertungen und Preiserhöhungen durchsetzen wollte, gingen die Peruaner auf die Straße. Nach Straßenschlachten mit Polizei und Militär mit Hunderten von Toten und Verletzten waren die Generäle bereit, in einem Stufenplan zur Demokratie zurückzukehren.

Der steinige Weg zurück zur Demokratie

Die neue Verfassung sah bei den ersten freien Wahlen 1980 auch die Wahlbeteiligung von Analphabeten vor. Dieser wichtige Schritt hin zu mehr Demokratie schien sich bei oberflächlichem Hinsehen für die nächsten 20 Jahre auch zu bestätigen. Doch die Ruhe trog: Die unruhigen 1980er- und 1990er-Jahre waren geprägt von anfangs vierstelliger Inflation, massiver Kapitalflucht, dem internen Krieg gegen die immer mächtiger werdende

Auf den herrschaftlichen Haciendas Perus warten großzügige Esszimmer auf das nächste Bankett.

Terrororganisation Sendero Luminoso und den Auseinandersetzungen zwischen der andinen indigenen Bevölkerung und den europäisierten Mestizen in den Großstädten. Der Literat Mario Vargas Llosa, der 1990 im Wahlkampf dem japanischstämmigen Alberto Fujimori unterlag, kämpft seither wieder mit der Feder für die Einheit von Politik und Moral, die dem Andenland mehr denn je nottut: Zwei Jahre nach Amtsantritt putschte Fujimori im Jahr 1992 gegen die eigene Regierung. Zwar war der diktatorisch veranlagte Präsident in der Terrorbekämpfung überaus erfolgreich, zumal die Anführer des berüchtigten Sendero Luminoso endlich verhaftet werden konnten, doch war der Preis dafür hoch. Von verstärktem Straßenbau und Investitionen aus dem Ausland konnte die arme Bevölkerung nicht profitieren, die rücksichtslose neoliberale Wirtschaftspolitik zeigte für die »kleinen Leute« nur sehr bescheidene Erfolge. Der machtbewusste Präsident betrieb eine Verfassungsänderung, um seine erneute Kandidatur im Jahr 1995 zu gewährleisten. Trotz eines erneuten Gegenkandidaten von Weltformat, des ehemaligen UNO-Generalsekretärs Javier Pérez de Cuéllar, und einiger Wahlbetrugsvorwürfe gewann Fujimori erneut die Wahlen. Sein dritter Versuch 2000 misslang: Die zehnjährige Amtszeit endete in einem Bestechungs- und Wahlbetrugsskandal um Fujimoris engen Vertrauten Vladimiro Montesinos. Der 2001 gewählte Nachfolger Fujimoris, Alejandro Toledo, schrieb sich die Senkung der immensen Arbeitslosigkeit auf die Fahnen, überzeugte jedoch wenig in seinem persönlichen Verhalten und Regierungsstil. Gegen Ende seiner Präsidentschaft war Toledo zunehmend unbeliebt, es kam zu Protesten und Unruhen. Ein Regierungswechsel war daher 2006 unvermeidlich. Nach dramatischen Wahlduellen entschied der frühere Staatschef und Mitte-Links-Kandidat Alan García die Stichwahl gegen den Reservisten und nationalistischen Linkspopulisten Ollanta Humala für sich. Perus nationales Motto, »Firme y feliz por la unión« (Stark und glücklich durch Einheit), scheint oft noch mehr Wunschdenken als Wirklichkeit zu sein. Denn natürlich prägt die lange Serie von Konflikten und Ungerechtigkeiten die vielschichtige und ungleiche Gesellschaft des modernen Peru. Die Armut großer Bevölkerungsschichten und die damit verbundene Landflucht, die Auswirkungen des Neoliberalismus, Korruption sowie viele politische und wirtschaftliche Unsicherheitsfaktoren werden Peru noch lange Zeit beschäftigen. »Hay, hermanos, muchísimo que hacer« (Brüder, es gibt noch unendlich viel zu tun), pflegte der Dichter César Vallejo (1892–1938) seinen Landsleuten zuzurufen. Aber es gibt immer den dünnen Silberstreif der Hoffnung am Horizont.

Perus Küche: Die Welt im Kochtopf

Die Küche Perus ist ein Gedicht! Die Köche des Andenlands verbinden seit jeher die vielfältigen Erzeugnisse des von ökologischer Vielfalt geprägten Landes mit den Einflüssen der verschiedenen Einwanderergruppen. So stoßen uralte Inka-Rezepturen auf spanische Essgewohnheiten, afrikanische Gewürze und asiatische Vorlieben. Der arabische Einfluss, der vor allem die südspanischen Konquistadoren geprägt hatte, setzt sich in Perus Süßspeisen fort. Italienische Pasta wurde kurzerhand mit vereinnahmt. In Perus Kochtöpfen schmurgelt bei Weitem das Schmackhafteste, was die mittleren Anden zu bieten haben, vor allem, wenn man es mit der eher schlichten bolivianischen und ecuadorianischen Küche vergleicht. Einem peruanischen Mythos zufolge lehrten die Stammeltern der Inkas, Manco Capac und Mama Ocllo, die Menschen zuerst den Anbau der Kartoffel, die daher in manchen indigenen Gemeinschaften auch heute noch kultische Verehrung erfährt. Tatsächlich wurden die fast 4000 Kartoffelsorten dank ihrer Anpassungsfähigkeit an die verschiedenen Klimazonen schon in präinkaischer Zeit vor 8000 Jahren kultiviert, bevor die Ackerfrucht nach der spanischen Eroberung ab dem 16. Jahrhundert ihren Siegeszug um die Welt antrat und während der industriellen Revolution gar der wichtigste Kohlehydratelieferant Europas wurde. Aus der peruanischen Küche sind die »gelben Kartoffeln« oder die Sorte Huayro kaum wegzudenken; daneben gibt es Kartoffeln in allen Größen, Formen, Geschmacksrichtungen und Farben. Andere Knollenfrüchte wie Süßkartoffel, Maniok, Oka oder Olluko bilden ebenfalls die Grundlage für viele Gerichte. Die extrem proteinhaltigen und fettarmen Getreidesorten Quinoa, Cañahua und Amaranth wurden schon von den Stafettenläufern der Inka als Snack für unterwegs geschätzt; sie werden heute noch zu Brot verarbeitet oder als Müsli in deutsche Reformhäuser verschickt. Die heimischen Obstsorten Chirimoya, Guanabana (Zimtapfel), Granadilla (Passionsfrucht) und Lucuma (Breiapfel) erfreuen sich großer Beliebtheit und werden auch nach Europa exportiert.

Mais – Frucht der Götter

Nach Meinung der Wissenschaft ist es vor allem ein Nahrungsmittel, das den Aufstieg der altamerikanischen Hochkulturen überhaupt erst ermöglichte: Mais. Seit mindestens 5000 Jahren wird er in Peru angebaut und als Geschenk der Götter angesehen. Die frühen Landwirte schufen durch Selektion gezielt Sorten, die perfekt an die verschiedenen Klimata und Höhenlagen angepasst sind. Zwischen Küste, Hochland und Regenwald gedeihen heute noch über 40 Sorten in Weiß, Gelb, Rot, Lila und Schwarz. Folglich spielt Mais auch eine zentrale Rolle in der Küche. In der Kolonialzeit berichtete der Inka Garcilaso de la Vega in seinen »Comentarios Reales«

In alten Mauern feudal übernachten: Das Hotel »Monasterio« in Cuzco.

von geröstetem oder gekochtem Mais als Grundnahrungsmittel, das auch einen hohen zeremoniellen Wert besaß: Zum Sonnwendfest Inti Raymi wurden Maisbrote gereicht. Heute gibt es gegrillte oder gegarte *choclos*, Maiskolben, oft zusammen mit selbst gemachten Hochlandkäse, an jeder Straßenecke, und sie werden auch von fliegenden Händlern in Zügen und Bussen verkauft. *Mazamorra* ist eine Süßspeise aus Maismehl und Trockenfrüchten, *cancha* ist eine geröstete Körnervariante, der nordperuanische *pepián* ist eine Maissuppe mit Zwiebeln, Knoblauch, Truthahn und Chili, der *soltero* aus Arequipa besteht aus Mais, dicken Bohnen, Zwiebeln und Frischkäse. *Tamales*, süß oder scharf gefüllte Maisteigpasteten, werden oft schon zum Frühstück gegessen.

Essen – und vor allem Trinken – hält Leib und Seele zusammen

Sogar zur Getränkeherstellung wird Mais verwendet: *chicha morada* ist, wie der Name schon sagt, lilafarben und außerdem süß, *chicha* hingegen ein säuerlich schmeckendes Maisbier aus gekauten und vergorenen Körnern. Zu weiteren landesüblichen Alkoholika zählen auch Weiß- und Rotwein aus der Region um Ica sowie der Weinbrand Pisco. Daneben gibt es auch sehr süffiges Bier von Braumeistern, die oft in Deutschland eine Fachausbildung gemacht haben. Die meistverkaufte Limonade ist sicher Inca Cola, dessen intensiv gelbe Farbe

Frische Meeresfrüchte, feine Süßkartoffeln aus dem Hochland, exotische Gewürze aus dem Regenwald sowie Einflüsse aus aller Herren Länder sind die Basis einer abwechslungsreichen Küche.

schon den pappsüßen Gummibärchengeschmack vorausahnen lässt. Daneben gibt es die ganze Palette international bekannter Softdrinks in fast jedem noch so kleinen Dörfchen, und außerdem frische, gesunde Fruchtsäfte. Zu den einheimischen Getränken gehören auch Kaffee und Kakao, die neben den importierten Teepflanzen an den östlichen Andenabhängen angebaut werden. Im selben Anbaugebiet wie Kaffee gedeiht auch der Cocastrauch, dessen Blätter in den Anden seit undenklichen Zeiten als Aufguss, anregender Kautabakersatz und für medizinische Zwecke genutzt werden. Aus der Rinde des Lapacho-Baums, der den Inkas heilig war, wird ein Heiltee gewonnen, der auch fiebersenkend wirkt. Aus dem Regenwald kommt ein Aufguss aus dem Lianengewächs *uña de gato*, Katzenkralle, den die Amazonasindianer unter anderem bei Magen-Darm-Beschwerden einsetzen.

Was auf den Tisch kommt

In der vorkolumbianischen Küche wurden keine Eier und keine Milch verwendet, da sie den Indígenas als Symbole von Fruchtbarkeit und Wachstum galten. Die Spanier fügten jedoch Milch, Ei und Knoblauch den traditionellen einheimischen Fleisch- und Gemüsebrühen hinzu und kreierten so die herrlichen *chupes*, Suppen, die ihrem Namen – der von chupar (saugen) kommt – alle Ehre machen und in allen Geschmacksrichtungen erhältlich sind. Rund 700 Fischarten und 400 verschiedene Meeresfrüchte

Sonntagsstaat und Festessen auf einer Hochzeitsfeier in Cabanaconde.

kennt die See vor Perus Küsten: Seezunge, Thunfisch, Adlerfisch, Seeigel, Garnelen ... roher, mit Zitronensaft und Chili marinierter Fisch, *ceviche* oder *cebiche* genannt, wurde angeblich von den Seefahrern erfunden, um durch die Vitamin-C-reiche Frucht den gefürchteten Skorbut zu vermeiden. In Küstennähe ist er absolut frisch und somit ein echter Hochgenuss. Die allgegenwärtigen Chilischoten, *ají* genannt, geben den *picante de mariscos*, scharfen Meeresfrüchten, oder der Parihuela-Suppe Farbe und Würze, ebenso dem Reisgericht *arroz con mariscos*. Auch Süßwasserfisch aus den vielen Seen und Bächen ist zu empfehlen. Eine Spezialität des Regenwaldes ist der riesige und schmackhafte *paiche*, der häufig mit Maniok serviert wird.

Ein Festschmaus ist die *pachamanca*, ein im Erdofen zubereitetes Fleischgericht mit Gemüse, Mais und Kartoffeln als Beilagen, wobei alles zusammen in Bananenblätter gewickelt wird. *Ají de gallina*, scharfes Huhn, *anticuchos*, scharf gewürzte Rinderherzen, *seco de Chavelo*, gegrillte grüne Bananen mit Fisch, und *juane*, das typische Reisgericht aus dem Regenwald, sind weitere Beispiele für die zahlreichen fantasievollen Gerichte, die den Gaumen der Peruaner verwöhnen. Noch exotischer freilich klingen die Urwaldklöße *tacacho* aus Kochbananen, Maniok und Speck, oder Alpakabraten und Lamagulasch oder gar *cuy*. Hinter dem kurzen Wort verbirgt sich ein Tierchen, dessen etwas kleinere Verwandten in Europa nur als possierliche Haustiere bekannt sind: das graue Wild- und Wiesenmeerschweinchen, das in den Anden noch in Höhen von 4200 Metern vorkommt und seit präinkaischer Zeit als Spiel-, Opfer- und Nutztier gezüchtet wird. Für bäuerliche Familien sind die *cuyes* auch heute oft noch die Hauptquelle tierischen Proteins. Rund 50 Millionen *cuyes* landen daher mit der gleichen Selbstverständlichkeit wie bei uns Hühner in der Pfanne oder auf dem Grill. Gegen die um sich greifende Pizza- und Burgermode setzen Perus Traditionalisten am Herd heute wieder verstärkt auf die Rückbesinnung auf die kulinarischen Genüsse alter Zeit. So bietet die *cocina novoandina* heute wieder Nudeln mit Alpakaklößchen, Lamabraten oder Quinoa-Risotto. Wie überall gilt auch in Peru: Liebe geht durch den Magen.

Lima – das Zentrum

Nicht ganz gerechtfertigt ist der schlechte Ruf von Perus Hauptstadt. Wohl leben im »Moloch Lima« inzwischen fast 10 Millionen Menschen – Tendenz steigend, denn täglich gesellen sich Neuankömmlinge meist aus dem Hochland hinzu, die sich, angelockt von der Hochglanz- und Fernsehwerbung, von der Stadt den Ausweg aus der ländlichen Armut in ein besseres Leben erhoffen. Der Gürtel der »pueblos jóvenes«, wie die Elendsquartiere beschönigend genannt werden, die teilweise heruntergekommenen Innenstadtviertel und das unbeschreibliche Verkehrschaos erschrecken den Besucher vielleicht nach der Landung auf dem gerade mit viel Geld modernisierten und mit dem neuen Geschäftszentrum Perú Plaza aufgewerteten internationalen Flughafen Jorge Chávez.

Im Sommer leuchten die Plaza de Armas und die Kathedrale Limas im strahlenden Sonnenschein.

Sommerlicher Blumenschmuck im Innenhof des Klosters Santo Domingo.

Koloniales Flair empfängt den Besucher in Limas Regierungspalast.

Die Wachablösung der prächtig gekleideten Garde vor dem Palacio de Gobierno ist jeden Tag zur Mittagszeit ein interessantes Schauspiel.

Schlemmen mit Meerblick:
Das Gourmetrestaurant »La Rosa Nautica« ist der perfekte Ort um den Tag an Limas Strand ausklingen zu lassen.

Glanz und Elend der Kolonialzeit

Jung und alt erfreuen sich am erfrischenden Nass in der Sommerhitze der Großstadt.

Auch der eilige Reisende sollte der Metropole einen zweiten oder gar dritten Blick gönnen. Einige frisch restaurierte Straßenzüge im Zentrum künden vom Glanz der alten Kolonialstadt, die nach jedem der großen Erdbeben nur noch schöner und strahlender aus den Ruinen wieder erstand. Barocke Kirchen, stille Klöster, deren Mauern Ewigkeit zu atmen scheinen, verschwiegene Innenhöfe und vor allem die unermesslichen Schätze in den Museen, die dem internationalen Vergleich standhalten, verleihen Lima seine Attraktivität für Touristen.

Der Eroberer Francisco Pizarro selbst gründete die »Stadt der Könige«, so der ursprüngliche Name, an den Ufern des Rímac um den Dreikönigstag 1535, weil ihm die Inkahauptstadt Cuzco wegen der fehlenden Seeverbindung als Regierungssitz ungeeignet erschien. Geblieben ist eine Verballhornung des Flussnamens: Lima. Mit Vergnügen betätigte er sich als Stadtplaner, ließ Straßen anlegen und sich einen luxuriösen Gouverneurspalast bauen. Indianische Zwangsarbeiter legten Arkaden und Innenhöfe an, die mit spanischen Fliesen gepflastert und mit importierten Orangenbäumen bepflanzt waren. Dort spielte der mächtigste Mann Perus mit seinen vier kleinen Kindern, während er darüber nachdachte, wie er eine Dynastie begründen könnte, um seinen ruhmreichen Namen weiterzuführen. Geheiratet hat er allerdings nie.

Als Verwalter des Vizekönigreichs hatte der inzwischen 60-jährige Haudegen keine allzu glückliche Hand, auf das Regieren war er als Berufssoldat nicht vorbereitet. Um seine Mitstreiter zum Bleiben zu bewegen, maß er ihnen großzügig *encomiendas* zu: Dieses System erlaubte es ihnen, von der indigenen Bevölkerung Zwangsarbeit und Tribute einzufordern, wohingegen sie im Gegenzug verpflichtet waren, für das leibliche Wohl, die kulturelle Anpassung und vor allem das Seelenheil der *encomendados* zu sorgen. Mangels genauer Vorschriften war diese Verpflichtung Auslegungssache. So beklagte der Chronist Fray Bartolomé de la Vega wohl zu Recht: »Die Männer tragen schwere Lasten, die Frauen ebenso, den Schwangeren drückt es den Kopf bis auf den dicken Bauch hinab; die schon entbunden haben, tragen ihre Babys oben auf den Lasten.« Daran änderte auch Pizarros Anordnung, die Indígenas nicht übermäßig auszubeuten, und der Auftrag an den Bischof von Cuzco, sich um die Angelegenheit zu kümmern, nicht viel. Die Gier der Kolonisatoren führte zu einer Dezimierung der Bevölkerung, die an eingeschleppten Krankheiten und den Folgen der Ausbeutung starb, und einem Verfall des ausgeklügelten Landwirtschafts- und Vorratssystems der Inkas. Obwohl der Gouverneur prunkvolle Städte mit Schachbrettmuster-Grundriss und nach spanischem Vorbild bauen ließ, erlebte das einst so blühende Peru einen wirtschaftlichen Niedergang.

Das Ende des Eroberers

Der Ort, an dem Pizarro starb, ist heute vom Marmorboden eines großen Saals im Präsidentenpalast verdeckt. Die erst 1977 wiedergefundenen Gebeine des Eroberers ruhen heute weitgehend unbeachtet in einer Kapelle in der Kathedrale. Der erfolgreichste aller spanischen Konquistadoren konnte seinen Reichtum kaum genießen. Verbitterte Anhänger seines ehemaligen Waffenbruders Almagro, den Pizarro nach Streitigkeiten hatte hinrichten lassen, drangen während eines Festes schwer bewaffnet in sein Haus ein. Der Augenzeuge Juan Barragán berichtete, dass der Gouverneur, »… als er am Boden lag, die Finger über dem Mund kreuzte und darum bettelte, seine Sünden beichten zu dürfen. [Doch ich] nahm einen Wasserkrug und schmetterte ihn aus großer Höhe auf [ihn] und rief: ›Zur Hölle!

Denkmal zu Ehren von General San Martín.

Kunstvoll verzierte Holzbalkone aus der Kolonialzeit.

Du wirst deine Sünden in der Hölle beichten müssen!‹ Es war ein großer Krug. Er zerschmetterte ihm das Gesicht und gab ihm den Todesstoß.« Sic transit gloria mundi …

Die Seele dieser Stadt ist eine klösterliche …

Vom barocken Glanz der Kolonialzeit künden heute prächtige Paläste mit kunstvollen Fassaden mit den typischen geschnitzten Balkonen. Prunkstücke sind der Sitz des Erzbischofs oder auch der imposante Regierungspalast am Nordostende der Plaza Mayor, vor dem täglich um 11.45 der Wachwechsel der Palastgarde zelebriert wird.

»Die Seele unserer Stadt ist eine klösterliche Seele«, pflegte der Philosoph José de la Riva-Agüero y Osma (1885–1944) über Lima zu sagen, angesichts der vielen Konvente und Kirchen sicher keine Übertreibung. Die in drei Anläufen errichtete Kathedrale mit ihren neoklassizistischen Türmen, die mächtige »Stadt in der Stadt« des Klosters Santo Domingo, die im 17. Jahrhundert zwölf Innenhöfe mit Kreuzgängen und wunderbaren Gärten umschloss und heute die Gräber der beiden Heiligen Santa Rosa de Lima und San Martín de Porras hütet, oder der Jesuitenkomplex San Pedro mit der eher schlichten Fassade sind nur wenige Beispiele der zahlreichen Sakralbauten. Der Inquisitionspalast, Casa de la Inquisición, beherbergt Kunstschätze wie die in 40 Jahren Handarbeit eingelegte Artesonado-Tafeldecken, hält aber auch die Spuren eines dunklen Kapitels der Kirchengeschichte bereit. Der Bettelorden der Dominikaner, bereits im 13. Jahrhundert von Gregor IX. zur Ketzerverfolgung ausersehen, bezog 1570 in Lima den Justizpalast, um das erste Inquisitionstribunal in Spanisch-Amerika einzurichten. Die Mönche richteten Ihr Augenmerk auf Häresie, Gotteslästerung, Zauberei, mangelnde Ergebenheit vor Gott und vor allem auf das heimliche Festhalten am alten Glauben, das Konvertiten, besonders Juden, oft unterstellt wurde. Die indigene Bevölkerung war dabei von der Aufsicht der Inquisition ausgenommen, denn sie unterstand der Hoheit regionaler Auditoren. Die *criollos* wurden hingegen noch stärker und verbissener überwacht als die Katholiken im spanischen Mutterland. Aufgrund anonymer Verdächtigungen wurden Glaubenssünder festgenommen und sollten ein Geständnis ablegen, ohne dass ihnen das vorgeworfene Delikt bekannt war. Viele Anklagen wurden nach ersten Befragungen wieder fallen gelassen. Im Namen der Rettung der unsterblichen Seele diente im schweren Verdachtsfall Folter wie gewaltsames Eintrichtern von Wasser, Gliedmaßenverdrehung oder Streckung der Wahrheitsfindung, was im Inquisitionspalast in den Gefängnisruinen makaber nachgestellt ist. Die verhängten Strafen umfassten öffentliche Buße, Wallfahrten, Einrichtung von Stiftungen oder Vermögensverlust. Nur in besonders schweren, uneinsichtigen Fällen kam es zum »auto da fe«, zur öffentlichen Ketzerverbrennung vor einem sensationslüsternen Mob. Dies betraf in den 250 Jahren, die das Sanctum Officium in Peru seiner Tätigkeit nachging, immerhin 32 Menschen, was 2,4 Prozent der Angeklagten entspricht.

Die koloniale Tradition, Wissenschaft und katholische Unterweisung zu verbinden, spiegelt die herrliche Biblio-

Sarg Francisco Pizarros in der Kathedrale (rechts). Mumie im Goldmuseum (Mitte). Der prachtvolle Regierungspalast.

Der Erzbischöfliche Palast gilt als Paradebeispiel kolonialer Architektur.

thek des Klosters San Francisco in der Altstadt wider. Kunstvoll bemalte Folianten und dicke in Schweinsleder gebundene Bücher stapeln sich in massiven Holzregalen bis unter die Decke. Über 25 000 Bände enthalten das gesammelte Wissen mehrerer Jahrhunderte. Gleichzeitig ist der manchmal auch »Escorial Lateinamerikas« genannte Franziskanerkonvent mit seinem Gruftlabyrinth ein Beispiel für die Stadtgestaltung der frühen Moderne. Dem Beispiel des Pariser Architekten Georges-Eugène Haussmann folgend, wurde gegen Ende des 19. Jahrhunderts dem Drängen nach Fortschritt mit dem Schlagen von kerzengeraden, mehrspurigen Verkehrsschneisen nachgegeben. Um der Avenida Abancay Platz zu verschaffen, wurden ein Drittel des San-Francisco-Klosters und der gesamte Santa-Teresa-Konvent – als barockes Baudenkmal von unschätzbarem Wert – eingerissen. Das moderne Lima befreite sich ohne Rücksicht auf Verluste von der kolonialen Enge.

Zwischen Tradition und Moderne

Trotz dieser Demolierungswut verfügt die »Stadt der Könige« noch über 600 denkmalgeschützte Bauten und rund 300 Balkone sämtlicher Baustile, die als Markenzeichen der Stadt gelten. Die längste noch erhaltene »Luftstraße«, wie der Augustinermönch Antonio de la Calancha die zwischen Himmel und Erde schwebenden Holzkonstruktionen nannte, misst 60 Meter. Ein viel beworbenes Mäzenatenprojekt sichert heute den kostspieligen Erhalt der schmucken Kästen, deren Wurzeln über andalusische Feudalarchitektur bis in den Orient reichen. Außerdem hat sich Limas Bürgermeister Alberto Andrade das ehrgeizige Ziel gesetzt, die rund 64 *manzanas*, Straßenblocks, des großen Altstadtkerns zu erhalten, durch den sich täglich über 60 000 Fahrzeuge – ein Drittel ist älter als 20 Jahre – hu-

Sommer in der Stadt.

pend und knatternd schieben. Tausende von fliegenden Händlern und Kleinkriminellen wurden bisher aus dem Zentrum verbannt, dafür soll der fortschreitende Verfall vieler Altbauten, die teilweise als menschenunwürdige Elendsquartiere für die Flüchtlinge vom Land dienen, bis 2010 gestoppt werden. Um eine Erstarrung zum Museum zu verhindern, sollen 50 000 Familien im UNESCO-Weltkulturerbe angesiedelt werden und so die Altstadt zu neuem Leben erwecken.

So soll auch gewährleistet werden, dass Touristen wieder gerne über die Einkaufsmeile Jirón flanieren, anstatt sich nur in Einkaufszentren wie Larcomar im noblen Miraflores umzusehen, und die zahlreichen Kirchen und alten Paläste besuchen. Darüber hinaus wartet Lima mit einem umfangreichen Pflichtprogramm für Geschichts- und Archäologieinteressierte auf: Das Museo de la Nación zeigt zum Beispiel einen Nachbau des Grabs von Sipán und zahlreiche Modelle archäologischer Stätten, das Archäologische Nationalmuseum erklärt detailliert die vorinkaischen Kulturen. Das Museo del Oro del Perú ist nach Bogotas Goldmuseum das beste und reichste Südamerikas. Eine riesige Auswahl an Zeremonial-, Kult- und Schmuckgegenständen ist zu sehen, daneben gibt es im Obergeschoss eine interessante Waffen- und Kleidersammlung. Die Privatmuseen von Rafael Larco Herrera und Enrico Poli bieten jeweils Zeugnisse der Mochica-Kultur und einen Großteil der Funde aus Sipán. Und wer nach so viel Kultur noch nicht genug hat, stürzt sich ins Nachtleben des Künstlerviertels Barranco, hört Live-Musik in den zahlreichen Bars von Miraflores oder geht zu einem Fußballspiel ins Stadion, wo Alianza Lima die begeisterten Zuschauermengen zum Kochen bringt. Als Alternative zum Stadtleben kann man eine Fahrt zu einem der Strände im Süden unternehmen – oder sich in den Zug gen Himmel setzen.

Das letzte Eisenbahn-Abenteuer dieser Welt

Während des Guanobooms im gerade unabhängig gewordenen Peru wurden auch die Verkehrswege der neuen exportorientierten Wirtschaft angepasst. Zwar wären Maultiere oft billiger gewesen, doch setzte man begeistert auf das neue Verkehrsmittel Eisenbahn, um die Edelmetallminen mit Lima und der Küste zu verbinden. Trotz der

Hausgemachtes Eis gibt es an jeder Straßenecke.

fragwürdigen Kosten-Nutzen-Rechnung – alle Eisenbahnteile inklusive Schienen mussten aus dem Ausland importiert werden, das außerdem das Eigentum am Streckennetz für 66 Jahre hielt – ist die Bewunderung für die meisterhafte Ingenieursleistung Henry Meiggs ungebrochen. In Peru galt er unter dem Namen Don Enrique als heimlicher Herrscher des Landes. Der Nordamerikaner baute die spektakuläre Bahnstrecke von Huancavelica nach Lima mit Hilfe Tausender chinesischer Arbeiter. Auf nur 158 Kilometern schnauft der Zug heute mit Dieselkraft auf 4781 Meter empor, durchquert 67 Tunnel, wovon der längste über einen Kilometer lang ist, und genauso viele Brücken über tiefe Abgründe. Sechsmal kann die extreme Steigung nur durch Zickzackfahren überwunden werden. Auf 4781 Metern Höhe liegt Galera, die höchste Eisenbahnstation der Welt. Ein wirklich atemberaubendes Erlebnis, das Perurail nach zwölfjähriger Pause seit dem Sommer 2006 endlich wieder jeden Freitag in frisch renovierten Erste-Klasse-Waggons möglich macht. Zurück geht es jeweils sonntags. Für Nostalgiker, die dem alten klapprigen Zug mit der Kundschaft quer durch alle Gesellschaftsschichten, den Hühnern und riesigen Gepäckbündeln hinterher trauern, bleibt noch die weniger luxuriöse, aber um vieles unterhaltsamere Weiterfahrt von Huancayo nach Huancavelica. Die Bahn schraubt sich über steile Hänge in Haarnadelkurven empor und überwindet tiefe Schluchten, durchquert saftiggrüne Landschaften und folgt über weite Strecken dem Río Mantaro. Unterwegs sind die alten Minen zu bestaunen, wegen derer der Zug gebaut worden war. Ungefähr zweimal am Tag verbindet der *tren mixto* aus Güter- und Personenwagen mit dem eher flexibel als penibel gehandhabten Fahrplan Dörfer wie den Töpferort Izuchaca, La Mejorada, Acoria und Mariscal Cáceres mit der relativen Zivilisation und ist für die Anwohner daher ein unerlässliches und zudem günstiges Verkehrsmittel. Besonders zu Markttagen strömen sie mit *El Macho* herbei, wie sie den altersschwachen Zug liebevoll nennen, an dem manchmal nichts außer den Bremsen wirklich zu funktionieren scheint und der seine notorische Unpünktlichkeit mit viel Charme ausgleicht. »La ruta de lo auténtico« – die Route ins authentische Peru – die die örtliche, bescheidene Touristeninformation verspricht, ist tatsächlich eine Reise in das echte und pralle Leben eines abgelegenen Winkels auf unserem Planeten.

Die zwei Gesichter einer 10-Millionen-Metropole: Das schicke Einkaufszentrum von Larcomar …

… und die Elendsviertel der Pueblos Jóvenes.

Im Herzen des Sonnenkönigreichs

»Peru! Da war es: riesig, geheimnisvoll, graugrün, bettelarm, unendlich, reich, uralt, verschlossen«, rief Mario Vargas Llosa fasziniert über sein Heimatland aus. Im alten Kernland des Inkareichs ist zudem ein Hauch von historischer Tragik unmittelbar spürbar. Von uralten Kulturlandschaften, die bis in die 1990er-Jahre vom Terrorismus überschattet wurden und wo heute wieder Leben in den Ruinen herrscht, führt die Fahrt über in klare Luft und Licht getauchte Andenpässe in das Herz des Sonnenkönigreichs, ins oft umkämpfte Cuzco und ins erst spät wiederentdeckte Machu Picchu.

Die ehemalige Hauptstadt Cuzco der Inka liegt geschützt in einem breiten Hochtal inmitten der Anden.

Zu Ehren der heiligen Sonne kommen Tänzer aus ganz Peru zu den Feierlichkeiten von Inti Raymi nach Cuzco.

Seine Popularität hat der Faszination keinen Abbruch getan: Der schweißtreibende Inkatrail von den Hochanden in den Nebelregenwald.

Spielgefährten und Festtagsbraten: Cuy (Meerschweinchen) gilt in den Andenländern als Delikatesse.

An den Hang geschmiegt und von hohen Bergen beschützt: Machu Picchu

Ayacucho: Angst in den Anden

Ayacucho hat heute zu Unrecht noch einen schalen Beigeschmack. Zu sehr machte die Stadt ihrem Quechua-Namen »Winkel der Toten« in den 1980er- und 1990er-Jahren alle Ehre. Durch den Terror der Guerrilla-Organisation »Sendero Luminoso« (Leuchtender Pfad) und den ebenso gnadenlosen Gegenterror der Militärs wurde Ayacucho zur Geisterstadt, die Bevölkerung floh in Scharen und kam erst allmählich zurück, als der Chefideologe der Terroristen, der ehemalige Philosophieprofessor Abimael Guzmán, 1992 gefasst wurde. Endlich können auch wieder Gäste die Schönheit der Gegend genießen. Guzmán lehrte in den 1970er-Jahren Philosophie an der traditionsreichen Universität San Cristobal de Huamunga in Ayacucho, die besonders unter den Studenten aus den umliegenden Dörfern, die auch heute noch zu den ärmsten des Landes gehören, ein wichtiger Anziehungspunkt war. Schließlich verhieß Bildung die Chance auf eine bessere Zukunft fernab der armen Dorfgemeinschaften, deren traditionelle Strukturen den Zusammenhalt kaum noch zu sichern vermochten. Aus dem seinerzeit an peruanischen Universitäten weit verbreiteten linken Gedankengut und fundamentalistisch-religiös anmutenden Vorstellungen mixte Guzmán den wahnwitzigen Weltanschauungscocktail seiner aus Studenten, Provinzlehrern und verarmten *campesinos* zusammengesetzten Guerrilla-Truppe Sendero Luminoso, die den Kapitalismus mit der Machete ausrotten sollte. Ab 1980 führte er als Presidente Gonzalo den Kampf vom Untergrund aus und überzog Peru im Namen der angestrebten »Gesellschaft der neuen Harmonie« mit einer bis dato unbekannten Terrorwelle. Anfänglich konnte der Leuchtende Pfad dabei auf gewis-

Aus Angst blieben in Ayacucho viele Türen in den 1990er-Jahren geschlossen.

se Sympathien der von der Regierung völlig vernachlässigten, enttäuschten und zunehmend verarmten Landbevölkerung bauen. Dennoch war der Sendero Luminoso keine indigene Bewegung; vielmehr missachtete er indianische kulturelle Werte und die durch Tradition legitimierten Dorfautoritäten. Die *campesinos* gerieten immer mehr zwischen die Fronten, weil sie von den selbst ernannten maoistischen Freiheitskämpfern und den Streitkräften gleichermaßen mit Brutalität behandelt wurden. Unter den Bauern witterte der Staat ebenso wie unter Universitätsangehörigen allerorten Terror-Sympathisanten und reagierte bei geringsten und oft falschen Verdachtsmomenten mit Verhaftungswellen. Die Zahl der heute noch ungeklärten Schicksale Verschwundener geht in die Tausende. Peru schien in Gewalt förmlich zu ertrinken, in Lima detonierte Anfang der 1990er-Jahre fast täglich eine Bombe. Insgesamt 20 000 Menschen starben während der Terror-Jahre. Die Sendero-Kader waren attraktive Geschäftsbeziehungen mit der Drogenmafia eingegangen, was zu fast unbegrenztem Nachschub an Waffen führte. Umso überraschender war der Schlag, der unter der Präsidentschaft Alberto Fujimoris im Herbst 1992 gelang: Guzmán und die streng hierarchisch organisierte Führungsriege des Sendero wurden festgenommen. Das Monster war ohne Kopf und büßte beträchtlich an Schlagkraft ein, zumal der inhaftierte Anführer die Kampfhandlungen für beendet erklärte.

Rückkehr ins Leben

Für die 300 000 Berglandbewohner, die sich in die Städte geflüchtet hatten, war nach Jahren der Angst und Lähmung, die Mario Vargas Llosa meisterhaft beklemmend in seinem Roman »Tod in den Anden« beschreibt, die Verhaftung der Top-Terroristen ein Signal der Hoffnung. Viele kehrten allmählich in die zerstörten Andendörfer zurück und begannen mit dem Wiederaufbau. Heute leben in der Departamentshauptstadt Ayacucho wieder 12 000 Menschen, die stolz sind auf ihr kulturelles Erbe, das bis in präinkaische Wari-Zeiten zurückreicht. Auch wenn heute nicht mehr viel von den oberirdischen Rundbauten aus dem neunten Jahrhundert erhalten ist, überraschen die Parallelen zwischen den Wari und den Kulturen von Nazca und Tiwanaku. Als Handelsstützpunkt von den Spaniern 1539 neu gegründet, erlebte Ayacucho zudem die Kapitulation des spanischen Vizekönigs im Unabhängigkeitskrieg 1824. Die mächtige Kathedrale beeindruckt mit Altären im Churrigueresco-Stil, einem übersteigerten Barock, die Jesuitenkirche La Compañía mit einem Bild Jesu im Todeskampf, das das Herzstück der berühmten Karfreitagsprozession ist. Zahlreiche Ausflüge in die Umgebung, sei es zu den mit Tonkirchen zum Schutz vor Geistern geschützten Dächern von Qinua oder zu den bizarren Berglandschaften von Vilcashuamán mit seinen Inkaruinen, bringen den Zauber des ländlichen Perus zu Tage.

Ein hoffnugnsvoller Blick in die Zukunft nach der Zerschlagung des Sendero Luminoso.

Über Andenpässe

Der Weg von Ayacucho nach Cuzco gehört zu dem Schönsten, was Peru zu bieten hat. Vorbei an der Abzweigung nach Cangallo, dem Heimatort der bärtigen Reiter, die als Nachfahren der Konquistadoren gelten, geht es in stetigem Auf und Ab zum Abra Huamina, der mit seinen 4400 Metern der höchste Punkt der Strecke ist. Die Anstrengungen in der dünnen Luft werden mit spektakulären Ausblicken in 2000 Meter tiefe Canyons belohnt. Im Abstieg nimmt die Vegetation zu, durch dichte Kakteenwälder geht es zu Orangen- und Bananenplantagen. Wer Muße hat, genießt es bestimmt, sich ein paar Stunden an der Laguna de Pachuca nahe Andahuaylas treiben zu lassen oder im klaren Wasser zu angeln, bevor die Fahrt wieder in luftige Höhen geht. Nach dem 4100 Meter hohen Huayllaccasa-Pass grüßen schon bald die Fünftausender der Cordillera Vilcabamaba, einem wahren Paradies für Bergsteiger. Schier endlos windet sich die Straße entlang grandioser Abgründe ins idyllisch gelegene Abancay.

Es lohnt sich, einige Tag in Cuzco zu verbringen und den Charme der Stadt zu entdecken. Die Plaza de Armas (oben) und hölzerne Balkone im Kolonialstil (unten).

Vom nahen Cachora aus kann man über alte Inkapfade zu den Ruinen von Choquequirao, der »Wiege des Goldes«, wandern. Um wie vieles ruhiger ist dieser Weg als der von den internationalen Massen heimgesuchte Inkatrail nach Machu Picchu! Beim Wandern durch die Schlucht des Apurímac, einem der Quellflüsse des Amazonas, hat man ständig den Gipfel des weiß strahlenden Nevado Salkantay (6271 Meter) vor Augen, und die terrassenförmige, weitgehend unzerstörte Anlage entschädigt für die Plackerei des schweißtreibenden Aufstiegs. Der Rückweg in die relative Zivilisation der Asphaltstraße nach Cuzco fällt nach so viel Naturerleben schwer – wer noch nicht genug hat, läuft noch acht Tage weiter bis nach Machu Picchu oder nach Corihuayrachina, das als letzte Zuflucht der Inka gilt, bevor ihr Reich 1572 endgültig in die Hände der Spanier fiel.

Vom Huillique-Pass (3900 Meter) folgt die Straße einem alten Inkaweg und fällt allmählich schnurgerade ab in eine Hochebene. Bald laufen die Bahnschienen der Strecke Cuzco-Machu Picchu parallel zur Straße und glänzen verheißungsvoll in der Sonne. Nach einem allerletzten Anstieg ist man dann endlich angekommen am »Nabel der Welt«, im Herzen des alten Inkareichs.

Cuzco: Der Puma von Tawantinsuyu

In Cuzco, das auf Quechua »Zentrum« bedeutet, lag der Schnittpunkt der vier Weltgegenden des Tawantinsuyu. Von dort aus verwalteten die Söhne der Sonne die vier Teilreiche, Contisuyu im Osten, Antisuyu im Westen, Chinchaysuyu im Norden und Collasuyu im Süden. Alle Teile des gigantischen Reichs, das von Südkolumbien bis Nordchile reichte, waren durch ein dichtes Straßennetz mit Cuzco verbunden. Über 20 000 Kilometer liefen die meist bestens befestigten Straßen die Andenzüge, die Küste und die Flusstäler entlang, überwanden Pässe und tiefe Einschnitte. Nachrichten gelangten in Windeseile dank des ausgeklügelten Stafettenläufersystems der Chasqui in das Herz des Reiches.

Wen wundert es daher, dass die Inkas besonders viel Wert auf die Ausgestaltung der auf 3430 Metern gelegenen Stadt legten. Der Legende nach gründeten um 1200 herum Manco Capac und Mama Ocllo das neue Cuzco auf den Fundamenten des alten, das bis in die Zeit der Chanapata-Kultur (700 v. Chr.) und der Wari (750 n. Chr.) zurückreichte. Das Gründerpaar brachte den Maisanbau, den Kokagenuss sowie Recht und Gesetz mit. Aus der Bauernsiedlung wurde eine blühende Stadt mit 200 000 Einwohnern und zwischen 1438 und 1527 gar der »Nabel der Welt«.

Die mächtigste Stadt der Inkawelt mit ihren vielen Residenzen und Tempeln braucht den Vergleich mit dem antiken Rom nicht zu scheuen. Prächtige, vielfarbig bemalte und mit reichen Textilien ausgestattete Gebäude und mit getriebenen Gold verkleidete Paläste sowie die zentrale Tempelanlage beeindruckten die Besucher. Der Chronist Pedro Cieza de León schreibt im 16. Jahrhundert in seiner »Crónica del Perú«: »Es gab gute, wenn auch schmale Straßen, die Häuser waren solide aus wunderbar gefügten, sorgfältig behauenen Steinen gebaut.« Auf diesen Fundamenten steht die Stadt auch heute noch. Zwischen die regelmäßig geschichteten rechteckigen Quader oder unregelmäßigen, in polygonaler Bauweise zusammengefügten

Blöcke passt nicht einmal ein Blatt Papier. Die Baukunst der Inka war so genial, dass ihre nahtlos ineinandergefügten Steinquader jedes der zahlreichen Erdbeben schadlos überstehen, während alle späteren Bauwerke regelmäßig Schaden leiden. Der zwölfeckige Stein in Cuzcos Calle Hatunrumiyoc (Straße der großen Steine) am ehemaligen Palast des Inca Roca ist ein Paradebeispiel dieser Kunst.

Der zentrale Ort des Reiches der vier Himmelsrichtungen hatte einen Puma als Grundriss. Die Zyklopenfestung Saqsayhuaman bildete den Kopf oberhalb der eigentlichen Stadt, die Unterstadt, Pumachupan, den Schwanz der Raubkatze, die den Inkas als heilig galt. Dort lebte die Inka-Elite mit den Angehörigen der Herrscherfamilie und der Priesterkaste. Den einfachen Leuten und Handwerkern war die Oberstadt mit ihren Lehmbauten vorbehalten. Das Herz des Pumas hingegen schlug auf dem heute fast quadratischen, nur noch halb so großen Huacayapata-Platz, dem »Platz der Freude«, auf dem sich die vier Himmelsrichtungen kreuzten. Sand aus allen Provinzen des Reiches bedeckte ihn zum Zeichen der Verbundenheit des Zentrums mit der Peripherie. Er war umgeben von mit Goldblechen verzierten Tempeln und Heiligtümern, die in der Sonne leuchteten. Sonnenjungfrauen und Priester hatten dort ihren Wohnsitz. Zu den Festtagen ließ der Inka sich von den königlichen Mumien, seinen Vorfahren, auf seinen Himmelsthron mitten auf dem Platz begleiten.

Der Untergang der Sonnensöhne

Als Pizarro im November 1533 die Stadt kampflos einnahm, setzte eine Zerstörungswelle sondergleichen ein. Alles Edelmetall wurde von den Eroberern eingeschmolzen, die Paläste, so gut es ging, geschleift, den Tempelfundamenten christliche Kirchen aufgepfropft. Sein Adjutant Rodrigo de Chávez berichtete: »In Cuzco fanden wir eine riesige Menge Silber, aber auch viel Gold ... Lager waren mit

Symbol der Sieger: die Kirche von Santo Domingo auf den Ruinen des Inka-Sonnentempels Coricancha.

Kupferbarren, zu Stapeln von zehn mal zehn gebündelt, bis unters Dach gefüllt ... Die Sonnentempel, so sagte man uns, dürfte man nur in nüchternem Zustand, mit einer Last auf der Schulter und barfuß betreten, aber wir gingen da hinein, ohne uns um irgendwelche Weisungen zu kümmern.«

Dieser Tempel der Sonne, den die Inkas Qorikancha nannten, brachte die goldgierigen Konquistadoren an den Rand der Raserei. Noch nie hatten sie einen Ort gesehen, an dem die ganze Schöpfung, vom Lama bis zur Maispflanze, in Gold nachgebildet war. Bei der großzügigen Verteilung der ehrwürdigen Sakralbauten Cuzcos bedachte Pizarro seinen Seelenhüter Vicente de Valverde mit diesem heiligsten Ort der Eroberten.

Als neuen Marionettenkaiser setzte Pizarro den jungen Neffen Atahualpas, Manco, ein. Doch dieser widersetzte sich bald der spanischen Oberherrschaft und rückte mit einem Heer von 200 000 Kriegern gegen Cuzco vor. Dennoch war die monatelange Belagerung weniger hundert Spanier, während der Cuzco fast völlig ausbrannte, nicht erfolgreich. Lediglich die Festung Sacsayhuaman konnte Manco einnehmen, bevor er wegen Nachschubproblemen aufgeben musste. Aus dem Exil in Vilcabamba, wo ein kleines Restreich noch vier Jahrzehnte Bestand hatte, ließ Manco sein Vermächtnis verbreiten: Die Inkas sollten passiven Widerstand leisten und die Religion achten bis zur Wiederkehr des Sonnenkönigs.

Die Festung Sacsayhuaman ist der Kopf des Puma-Grundrisses von Cuzco.

Damit hatte Manco den Spaniern ein Jahrhunderte währendes Problem hinterlassen. Selbst nach dem Fall von Vilcabamba und der Hinrichtung des letzten Sonnensohns, Tupac Amaru, hielt die Hochlandbevölkerung an der Prophezeiung fest und wehrte sich gegen die Kolonialisierung mit zahlreichen Aufständen. José Gabriel Condorcanqui, genannt Tupac Amaru II., nahm 1781 sogar Cuzco ein. Die Spanier richteten ihn auf dem Hauptplatz der Stadt hin, sobald sie seiner habhaft wurden, und verboten fortan Quechua als Umgangssprache, die alten Bräuche und die indigene Kleidung.

Uneinige Waffenbrüder

In Cuzco endete auch der jahrelange Streit zwischen Francisco Pizarro und seinem ehemaligen Weggefährten und Partner Diego de Almagro. Hatte dieser dem Eroberer auf seinen Feldzügen stets den Nachschub organisiert und den Rücken freigehalten, fühlte er sich um seinen Lohn geprellt. Denn nur Pizarro war von Kaiser Karl zum

Während des Inti-Raymi-Fests findet Cuzco keine Ruhe. Musik und Tanz beherrschen die Stadt 24 Stunden am Tag.

Gouverneur von Peru ernannt worden, während Almagro sich mit dem nördlichen Chile begnügen sollte, das er nach einer Expedition als nicht lohnend einstufte. Dabei übersah er, dass neben der Wüstenei auch der Cerro Rico in Potosí zu seinem Territorium gehörte – der Berg, mit dessen Silber Spanien später eine Straße bis nach Europa hätten pflastern können, so reich waren die Vorkommen. Verbittert machte Almagro Ansprüche auf Cuzco geltend und zettelte so einen Bruderkrieg mit Pizarro an, der der Eroberung an Blutigkeit kaum nachstand. 1538 fiel Almagro in der Inkahauptstadt in die Hände von Pizarros Bruder und wurde zusammen mit 120 Mitverschwörern hingerichtet. Doch schon drei Jahre später holte Pizarro der alte Konflikt ein. Verarmte Anhänger Almagros ermordeten ihn in Lima auf grausame Weise.

Cuzco beeindruckt heute den Besucher durch die starke indigene Prägung. Die Mischung aus inkaischen Wurzeln, die noch überall zu sehen und zu spüren sind, Kolonialbarock und die atemberaubende Lage in den Anden machen es zur vielleicht schönsten und faszinierendsten Stadt Perus.

Koloniales Cuzco

Auf den Fundamenten des Palasts des achten Inka Wiracocha steht heute die Kathedrale, die selbst wie ein Bollwerk wirkt, so als müssten sich die katholischen Spanier gegen das inkaische Heidentum verteidigen. Ihre Glocke María Angola ist angeblich 40 Kilometer weit zu hören und enthält mehrere Kilo Gold, das die Spanier aus den alten Tempeln holten. Ähnliches dürfte für die Herkunft des Silbers gelten, aus dem der massive spätklassizistische Hochaltar besteht.

Die Eroberer zwangen dem eroberten Land ihre Vorstellungen auf. Versöhnlicher wirkt da der dezente Hinweis auf die Beisetzung Garcilasos de la Vega (1539 bis 1616) in der angrenzenden Kirche El Triunfo, durch die man die Kathedrale meist betritt. Der Sohn einer Inkaprinzessin und eines Spaniers gilt als »der erste biologische und geistige Mestize Perus«. Seine elegant geschriebenen zweibändigen »Comentarios Reales de los Incas« sind das erste historische und kulturelle Gesamtwerk über die andine Gesellschaft, die zum Zeitpunkt der Niederschrift schon im Verschwinden begriffen war. In diesem Sinne gilt auch die Escuela Cusqueña als eine gelungene Verbindung der zwei Welten, die bei der Eroberung so blutig aufeinander geprallt waren.

Als die Bautätigkeiten im 16. Jahrhundert eine Nachfrage an Malern produzierte, die die Einwanderer aus Spanien nicht mehr befriedigen konnte, lehrten Mateo de Alessio und der Jesuit Bernardo Bitti talentierten Mestizen und Inkas europäische Maltechniken. Schnell taten es die Schüler den Lehrern gleich und erlangten amerikaweit Ruhm als Kopisten alter Meister. Daneben entwickelten sie aber auch einen ganz eigenen Stil, der Andines mit Europäischem verband. Wie in den alten Bilddarstellungen gibt es im-

»Dank der Sonne« – Musiker lassen zur Sonnwendfeier alte Melodien der Inka wiedererklingen.

mer eine zentrale Figur, um die der Rest des Gemäldes komponiert wird, und Wichtiges ist überproportional groß dargestellt. Religiöse Bildtraditionen werden übernommen. So weist zum Beispiel die trapezförmige Statur einer Muttergottesdarstellung auf das Symbol der Pachamama hin. Die Abgebildeten haben Mestizengesichter und die reich verzierte, oft mit Gold geadelte Kleidung spiegelt den Einfluss inkaischer Mode wieder. Dank der Schaffenskraft von Diego Quispe Tito und anderen wurde die Malerei für über 100 Jahre lang auch ein bedeutender Wirtschaftsfaktor für Cuzco.

Zu Ehren der Sonne

Aus Inkazeiten hat ein wichtiges Fest bis heute überdauert. Für die streng reglementierte Agrargesellschaft besaß das einmal jährlich zur Wintersonnwende auf dem Huacaypata-Platz begangene Inti Raymi eine besondere Bedeutung: »Man dankte der Sonne für die Ernte und betete für die künftige Saat«, berichtete der Priester Cristóbal de Molina im 16. Jahrhundert. Nach einer langen Zwangspause wurde die Tradition 1944 wiederbelebt. Heute ist jeder Cusqueño stolz, am 23. und 24. Juni in Sacsayhuaman dabeizusein, sei es als Darsteller oder Zuschauer. Die Stimmung ist festlich, überall flattern die bunten Inkafahnen im Hochlandwind.

Saqsayhuaman, der Falkenstein, ist der spektakulärste Bestandteil des Schutzgürtels aus Naturheiligtümern und Burgen und galt der Pumastadt als Kopf des Raubtiers. Drei übereinandergestapelte, zyklopische Mauerwälle und mächtige Mauervorsprünge unterstreichen den Verteidigungscharakter, doch galt er den Inkas auch als »Haus der Sonne«, als Sitz des Gottkönigs. Am heute so genannten »Thron des Inka«, der genau nach Osten schaut, wurde dem zentralen Gestirn geopfert.

Folgerichtig heißen die Neo-Inkas von heute hier die Sonne zur Wintersonnwende willkommen. Festlich gewandet, inmitten von Sonnenjungfrauen und Priestern in historisch nachempfundenen Gewändern, vom Adel getragen in einer Sänfte, die der Atahualpas gleichen soll, erscheint der Inka in Saqsayhuaman, um im Laufe einer von ohrenbetäubender Musik begleiteten Zeremonie ein Lamaopfer darzubringen. Das Riesenspektakel mit Zehntausenden von Zuschauern beginnt schon zwei Tage vorher mit Feuerwerk und Folkloreumzug, so dass Cuzco drei Tage im kollektiven Ausnahmezustand schwelgt.

Vilcabamba – die unerforschte Kordillere

Die atemberaubenden Berge und Täler Vilcabambas gelten als letzte Zuflucht der Inkas. Pizarro hatte nach der Ermordung Atahualpas dessen Neffen Manco Inca als Marionettenherrscher eingesetzt. In der Gefangenschaft in Lima von Pizarros jüngeren Brüdern misshandelt, mobilisierte der junge Prinz heimlich seine Getreuen und floh im April 1536. Nur einen Monat brauchte er, um ein Heer zur Belagerung Cuzcos zusammenzustellen. Vier Verstärkungstrupps, insgesamt 500 Mann, die Pizarro in die bedrängte Andenstadt schickte, wurden von den

Andenimpressionen: Malerische Gasse in Pisaq (oben), die Kapelle von San Cristóbal im Hochland nahe Chinchero (Mitte), die viel besuchte Strohbrücke Queswachaca (unten links) und Kinder im Dörfchen Willoq (unten rechts).

Aufständischen vernichtet. Doch neu aus Mittelamerika herangeschaffte Truppen wendeten das Blatt, die Belagerer mussten Cuzco aufgeben und in die Berge fliehen.

Jenseits von Machu Picchu verschanzte sich Manco Inca in Vilcabamba, wo er 35 Jahre lang noch ein Restreich regieren konnte. Doch 1572 gelang es den Spaniern, das Schicksal des letzten Inka zu besiegeln: 40 Jahre nach seinem Onkel Atahualpa wurde Tupac Amaru, der Sohn Manco Incas und letzter Sonnenfürst, geköpft.

Wiege des Goldes

Als letzte Zuflucht der Sonnensöhne in den Bergen von Vilcabamba wurde in der ersten Entdeckereuphorie Corihuayrachina auf dem Plateau des Cerro Victoria angesehen. Etwa 35 Kilometer südwestlich von Machu Picchu liegt der Ort, »wo der Wind zur Goldgewinnung genutzt wird«, wie der Quechua-Name sagt. Der beschwerliche Zugang zu Fuß von der »Wiege des Goldes« Choquequirao durch die Schlucht des Apurímac oder von Huancacalle über den Victoria-Pass mag der Grund sein, warum diese geheimnisvolle Stadt lange in Vergessenheit geraten war. Da die spanischen Konquistadoren ihre Eroberungszüge in Vilcabamba und die letzten Stätten der Inka-Herrscher unvollständig beschrieben, so die Inkaforscherin Kerstin Nowack, ist die genaue Kenntnis der Lage für die Wissenschaft verloren gegangen. Die indigene Bevölkerung hingegen lebt und bewegt sich seit Jahrhunderten mit großer Selbstverständlichkeit auch in der Abgeschiedenheit der Berge, ohne dass ihr Wissen um uralte Orte in die Öffentlichkeit vordringt. Eher zufällig stießen daher der britische Archäologe Peter Frost und der Amerikaner Scott Gorsuch 1999 auf die sechs Quadratkilometer große Stadt mit ihren über 100 Gebäuden. Die exponierte Lage auf 3885 Metern mit einer atemberaubenden Sicht auf sämtliche schneebedeckten Gipfel der Umgebung legt nahe, dass die Inkas hier den Apus, den Berggöttern, huldigten. Ob es sich tatsächlich um die sagenumwobene letzte Zuflucht der Inkas handelt, werden Wissenschaftler in jahrelanger Kleinarbeit zu klären versuchen. Wie viele Geheimnisse indes die Cordillera de Vilcabamba noch bereithält, kann niemand wirklich erahnen ...

Die Inka waren Meister der Baukunst: Weitgehend ohne Bindemittel zwischen den Steinen errichteten inkaische Baumeister ganze Städte inklusive Wasserkanäle. Herausragend sind Machu Picchu (oben und Mitte) sowie die Pyramide von Ollantaytambo im Heiligen Tal.

Im Reich der Sonne

Wie ein zarter Schleier legt sich das erste Morgenlicht über Machu Picchu, und die Gebäude leuchten auf in den ersten Sonnenstrahlen. In diesem Momenten, oder abends, wenn die Massen der Tagesausflügler die Stadt verlassen haben und sich die Stille über die Ruinen legt, drängt sich einem förmlich der Ausspruch Pablo Corral Vegas auf, wonach jede Stadt in den Anden ein Zeugnis abenteuerlichen Heldenmuts der Menschen sei. Inmitten der unbezähmbaren, unbezwing-

Auf der Suche nach Vilcabamba stolperte 1911 der Engländer Hiram Bingham regelrecht über Machu Picchu. Seit 2007 ist die einstmals vergessene Stadt Anwärter für die Auszeichnung als eines der modernen Sieben Weltwunder.

baren Natur, die den Menschen regelmäßig an seine Verletzlichkeit erinnert, errichtete ein heute längst untergegangenes Volk ein Zeremonial- oder Festungszentrum gigantischen Ausmaßes.

Erst unter dem achten Inka Huiracocha und seinem Sohn Pachacutec Yupanqui – er ist der erste halbwegs historisch verbürgte und nicht nur mythische Herrscher – wuchs das Quechua-Volk über die Grenzen von Cuzco hinaus. Im 15. Jahrhundert erreichte das straff organisierte Reich seine gewaltige Ausdehnung. Einigende Elemente des Riesenimperiums waren die Staatssprache Quechua und die einheitliche Religion, die nun nicht mehr um den Schöpfer Wiracocha, sondern um den Sonnengott Inti kreiste. Dem gottgleichen Herrscher Sapan Inka, der als Sohn der Sonne galt und der stets seine Schwester zur Gattin nahm, unterstand ein perfekt gegliederter Staatsapparat mit einer Priesterkaste und hohen Verwaltungsbeamten, denen Scharen von Beamten untergeben waren. Der Hochadel, dessen Angehörige wegen ihrer Ohrpflöcke von den Spaniern *orejones* genannt wurden, gehörte zur Familie des Herrschers. Dieses Staatsgefüge war streng theokratisch aufgebaut, kollektivistisch organisiert und sah so gut wie keine persönlichen Freiheiten vor. Das Militär, das ähnlich straff wie das der Römer organisiert war, hatte eine enorme Schlagkraft. Der Wohlstand des Reiches gründete sich auf begabte Handwerker und einfache Bauern, die auf perfekt der Andenlandschaft angepassten Terrassenfeldern mit Hilfe raffinierter, heute noch funktionsfähiger Bewässerungssysteme Kartoffeln, Getreide, Mais, Bohnen und Baumwolle auf bis zu 4000 Metern Höhe anbauten. Sie waren an ihr *ayllu*, an ihre Schollengemeinschaft unter Aufsicht des Patriarchen gebunden. Gemeinschaftlich besaßen und bewirtschafteten sie das Land und waren der Kern der inkaischen Wirtschaftsordnung. Alle anfallenden Arbeiten wurden gemeinsam in gegenseitiger Hilfe erledigt, so dass jeder jedem verpflichtet war – ein Gedanke, der die andine Gesellschaft bis heute prägt. Schwache

Land- und Weidewirtschaft ernähren bis heute die Dorfgemeinschaften in den Anden.

und Kranke wurden über eine Art Sozialkasse mitversorgt. Außerhalb der Ackerbauperiode wurden die Bauern zur *mita*, Frondienst für den Herrscher, herangezogen, ein Teilertrag der Felder gehörte ihm ebenfalls. Die arbeitende Bevölkerung trug die gleiche Kleidung, die gleichen Schuhe und besaß den gleichen Hausrat. Außer einigen Lamas gab es kein persönliches Eigentum. Dies war ebenso wie die Befreiung vom Arbeitszwang Privileg des Adels.

Ihre Kunst war lange nicht so aufwendig wie die ihrer Vorgänger, sondern eher schlicht und nüchtern. Gold maßen sie keine materielle Bedeutung bei, verarbeiteten es aber zur Verherrlichung der Sonne zu Kultgegenständen. Die verwendeten Werkzeuge waren aus Kupfer oder Bronze. Sie kleideten sich in feine Vicuña- und Alpakawebereien und benutzten aufwendiges Geschirr aus hartem Holz oder ansprechende Keramik. Nach europäischen Vorstellungen kannten sie keine Schrift, führten aber gewissenhaft Buch mit den *Quipus*, kunstvoll arrangierten Knotenschnüren, und benutzten eine noch nicht vollständig entschlüsselte Wortzeichenschrift. Ihre Arbeiter errichteten unter anderem das 15 000 Kilometer umfassende Straßennetz mit grandiosen Brückenkonstruktionen sowie zahlreiche Tempel und Paläste, deren erstaunliche Bauweise mit passgenau zugeschnittenen, mörtellos verfugten Steinquadern heute noch jedem Erdbeben standhalten. Wie sie die tonnenschweren Blöcke an ihren Platz bugsierten, bleibt ein Rätsel, denn das Rad war den Söhnen der Sonne nur zu spielerischen Zwecken bekannt.

Die steinerne Mutter

Machu Picchu ist schon fast kein realer Ort mehr, sondern ein Mythos. Gelehrte aus aller Welt, New-Age-Jünger, Ufoforscher, kameraversessene Touristen und gläubige Indígenas suchen gleichermaßen diesen *huaca*, diesen heiligen Ort auf, an dem jeder seiner Gottheit huldigt, um dann mit seinem persönlichen Machu-Picchu-Gefühl nach Hause zu gehen. Das zentrale Heiligtum war vermutlich der *intihuatana*, der Ort, »wo die Sonne angebunden ist«, beherrscht von einem prismatisch behauenen Granitblock, der Opferaltar oder astronomisches Instrument gewesen sein könnte. In den 300 umliegenden Wohnungen könnten bis zu 1500 Menschen gelebt haben – gefunden wurden aber nur 135 größtenteils weibliche Skelette. Die weiße Granitstadt scheint ihr goldenes Zeitalter zwischen 1420 und 1520 erlebt zu haben. Doch was war sie? »Sie bildete, nach allem was wir erkennen können, ein integrales, multifunktionelles, aus der Bergnatur herausmodelliertes ökologisches Lebenszentrum, autark und doch über ein Wegenetz mit der Außenwelt verbunden – die inkaische Idealstadt«, schreibt Rolf Seeler, und der chilenische Dichter Pablo Neruda sprach beeindruckt von einer »steinernen Mutter«. Die suggestiven Namen, die die Forscher den einzelnen Gebäudekomplexen gaben, geben keine Gewissheit über ihre tatsächliche Funktion, auch wenn der Fund eines riesigen altarähnlichen Monolithen im Haupttempel am Heiligen Platz tatsächlich auf einen Tempel hindeutet. Ob aber wohl je ein Herrscher durch die Königsgruppe wandelte? Wenn nur der das Stadtpanorama bestimmende Waynapicchu, der wie ein auf dem Rücken schlafender riesiger Inkakopf im Profil wirkt, erwachen würde, um davon zu erzählen ...

Wiederentdeckung der Vergessenen

Fast irreal und kurios ist die so genannte Entdeckungsgeschichte der angeblich verlorenen Stadt. Nach dem Fall der letzten Inka-Bastion Vilcabamba retteten sich die allerletzten ihrer Art nach der Legende mit großen Schätzen in die unwegsamen Bergtäler, die ein Pachtdokument aus dem Jahr 1568 als Picho oder Picchu bezeichnete. So war der Mythos von den verborgenen Schätzen geboren worden, auch wenn er noch lange nicht den Namen Machu Picchu trug. Den verlieh offiziell nämlich erst im Jahr 1911 der im Auftrag der National Geographic Society reisende Yale-Professor Hiram Bingham, wobei er auf das Wissen von Bewohnern der Region und diverse alte Landkarten aus dem 19. Jahrhundert zurückgreifen konnte, die den Namen »Alte Bergspitze« bereits verzeichneten. Ironie der Geschichte, dass Bingham eigentlich Vilcabamba suchte.

Dennoch verschlug ihm der Fund den Atem: »Ich kenne keinen Ort der Welt, der in seiner vielfältigen Anziehungskraft oder seinem Zauber ebenbürtig wäre«, schrieb der Entdecker in seinem Buch »Lost City of the Incas«, bevor er sich mit den Methoden seiner Zeit auf zwei Expeditionen an die Deutung des Fundes und die Dokumentation mit über 12 000 Fotos machte.

Die Deutungsversuche halten bis heute an, ohne dass die Wissenschaft eine Antwort auf die vielen Fragen hat, die die grandiose Anlage immer wieder aufs Neue aufwirft.

»Hohe Stadt der Kettersteine, hier wohnt endlich, was die Welt in ihren müden Gewändern verbarg«, dichtete Pablo Neruda. Nur – was verbirgt sie letztendlich? Ein Blick aus den Tempelfenstern auf den subtropischen Regenwald und die darüber aufragenden Andengletscher beantworten diese Frage nicht. Aber er lässt einen teilhaben an dem Rausch, den der erste Mensch erlebt haben muss, der diese fantastische Aussicht genoss.

Die Ruinen von Pisaq im Valle Sagrado (links) und farbenprächtige Orchideen am Wegesrand. (rechts)

Altiplano und südliches Bergland

Eingebettet zwischen der östlichen und der zentralen Andenkordillere liegt auf 4000 Metern die Hochebene des Altiplano. Wer sie von Cuzco aus nach Süden fahrend durchquert, gelangt an der Grenze zu Bolivien an ein wahres Meer zwischen Himmel und Erde, den Titicaca-See, Wiege der Andenkultur und Grenzübergang nach Bolivien. Wer von dort aus weiter durch das südliche Bergland Perus reist, findet in Arequipas weißen Gassen ruhige Kolonialatmosphäre im Schatten majestätischer Eisgipfel oder folgt im Colca-Canyon Spuren alter Siedlungen unter dem wachsamen Auge des Kondors.

Die Chullpas (Grabtürme) von Sillustani an der Laguna Umayo belegen, dass die Uferregion des Titicacasees schon in präinkaischer Zeit bewohnt war.

YAVARI

Die M.S. Yavari ist eines von zwei englischen Kanonenbooten, das die peruanische Marine im Jahr 1862 bauen ließ, um die »nasse Grenze« gegen mögliche Angriffe zu schützen. Es dauerte volle sechs Jahre, bis sie nach der Ozeanüberquerung an der Küste zerlegt, über die Anden geschafft und am Titicacasee wieder zusammengebaut waren.

El Dorado des Naturerlebens: Im vorandinen Gebirge schliff sich der Río Colca im Laufe von Jahrmillionen eine der tiefsten Schluchten der Erde ins weiche Vulkangestein.

Die Uros bauen bis zum heutigen Tag auf traditionelle Art Totora-Schilfboote. Aus dem gleichen Material bestehen auch die schwimmenden Schilfinseln im Titicacasee.

Vor der Kulisse des Vulkans El Misti leuchtet der Turm der Kathedrale von Arequipa als weithin sichtbares Wahrzeichen der »Weißen Stadt«.

Wo Wiracocha aus den Fluten stieg

In einem Schilfgürtel unweit der Stadt Puno leben die Nachfahren der Uros auf dem stetig schwankenden Boden künstlicher schwimmender Schilfinseln.

Der bis zu 280 Meter tiefe Titicaca-See ist der zweitgrößte See des Kontinents – der Bodensee würde fast dreizehn Mal in ihn hineinpassen – und gleichzeitig das höchstgelegene schiffbare Binnengewässer der Welt. An seinen von Totora-Schilf umstandenen Ufern sind Vicuñas, eine wegen ihrer sehr weichen Wolle begehrte Wildlamaart, Flamingos, Enten und das murmeltierähnliche Vizcacha zu Hause; die 12 Grad kalten Gewässer sind sehr fischreich. Die riesige Wasserfläche fungiert als Wärmespeicher für den Collao, die ihn umgebende Ebene, auf der Quinoa, Mais, Kartoffeln und Erbsen bestens gedeihen. Im extremen Hochlandklima mit den scharfen Temperaturwechseln zwischen Tag und Nacht entwickelte sich früh die Mutterkultur der Anden, die Tiwanaku-Kultur. Sie verehrte als erste die Gottheit Wiracocha, der für die Inkas Schöpfer der Welt war und nach der Überlieferung aus den Fluten des Titicaca-Sees stieg. Nachdem er den Himmel und die Erde in Tiwanaku geformt hatte, schuf er aus Stein die ersten Menschenfiguren, gab ihnen Namen und erweckte sie so zum Leben. Seine Kinder Inti – die Sonne – und Mama Quilla – der Mond – bevölkern zusammen mit den Sternen den Himmel. Die göttlichen Nachkommen Manco Capac und Oclla Huaca aber verließen den See mit dem Auftrag, einen Ort zu finden, in dem ihr Wanderstab stecken bleiben würde, um das dortige Volk »mit Gerechtigkeit, Vernunft, Duldsamkeit, Liebe und Milde« zu regieren. So kam das Geschwisterpaar nach Cuzco, wo es das Inka-Imperium gründete.

Als die historischen Inkas im 13. Jahrhundert die Überreste der schon untergegangenen Tiwanaku-Kultur und die an den Seeufern lebenden Aymara annektierten, widmeten sie die zentrale Insel, die bei den vorherigen Anwohnern Titicaca, Pumafelsen, hieß, ihrem neuen Hauptgott Inti, der den ursprünglichen Schöpfergott nunmehr an Bedeutung übertraf. Die Sonneninsel wurde in der Mythologie zu dem

Ort, wo Inti zum Himmel aufgestiegen war, wobei er auf Erden einen Fußabdruck hinterließ.

Die Bürger von Collasuyu

Nach den aufsässigen Bewohnern Colla nannten die Inkas diesen Teil ihres Reiches Collasuyu, das eine einzige archäologische Schatzkammer ist. Von der Departamentshauptstadt Puno aus, dem selbst ernannten folkloristischen Nabel der Welt, geht es zu den im besten Wortsinn merkwürdigen Grabtürmen im 32 Kilometer entfernten Sillustani auf einer Halbinsels des Umayo-Sees. Die mit dem Aymara-Wort Chullpa bezeichneten gemauerten Bauwerke liegen auf einer 150 Meter hohen Erhöhung und stellen das größte Heiligtum der Collas dar, die unter Kolla Kapac um 1200 n. Chr. die Pucara-Kultur der Gegend ablösten.

Ihren hochgestellten Persönlichkeiten bauten sie wahrhaft fürstliche, bis zu zwölf Meter hohe Gräber aus sorgfältig behauenen und ineinandergefügten Basalt- und Trachytsteinen. Die niedrigen Eingänge waren alle nach Osten ausgerichtet, in Richtung der aufgehenden Sonne. Manche verfügen nur über eine versenkte Grabkammer, andere bieten in Nischen oder Stockwerken mehreren in Hockstellung bandagierten Mumien Platz. Der stillen Feierlichkeit des Ortes konnten sich wohl auch die Inkas nicht entziehen, die die Aymara sprechenden Collas um 1450 kolonisierten. Sie übernahmen die Begräbnisstätte und den Kult um den Malku- Schutzgeist. Der spanische Chronist Pedro Cieza de León berichtet mit Schaudern, dass bei einem bedeutenden Begräbnis zwanzig Lamas geopfert und Frauen, Kinder und Diener den Toten in die Ewigkeit begleiteten.

Rot-weiße Zipfelmützen

Auch auf der Insel Taquile nahe der Seeenge haben die Collas ihre Grabmäler hinterlassen, wenn auch weniger majestätische als in Sillustani. Doch die meisten Touristen fahren eher wegen der für ihre traditionelle Lebensform und ihren Geisterglauben bekannten Bewohner hin, die sich nur vorsichtig unter Aufsicht ihres Ältestenrats dem Tourismus öffnen. Sie scheinen dauernd beschäftigt zu sein, die Frauen mit dem Spinnen der pflanzengefärbten Wolle, die Männer mit Stricken. So entstehen die charakteristischen langen Zipfelmützen, die den Familienstand des Trägers preisgeben, und die meist in Weiß und Rot gehaltenen Bekleidungsstücke.

Schwarzes Blut gegen die Kälte

Wenn man sich auf dem Weg nach Taquile befindet, empfiehlt sich zumindest ein Zwischenstopp auf den Uro-Inseln, die gänzlich künstlich sind.

Die ursprünglich sehr dunkelhäutigen Bewohner, die sich selbst Kotsuñs, Seemenschen, nannten, widersetzten sich den eroberungslustigen Inkas und zogen sich zur besseren Verteidigung

Auf der Insel Taquile sind die kunstvollen Strickarbeiten reine Männersache. Das Spinnen der Wolle übernehmen die Frauen.

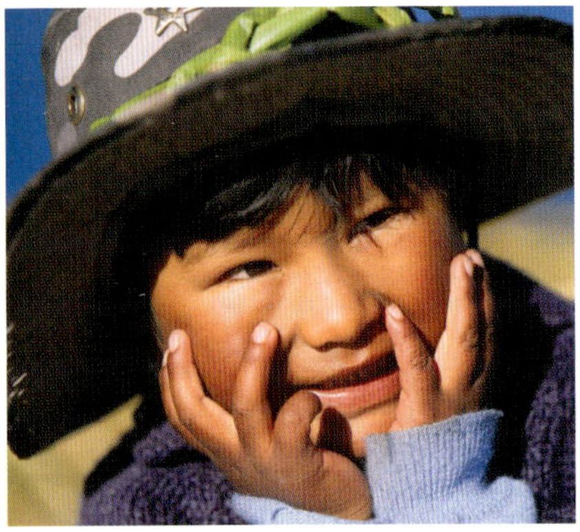

Bewohner der Inseln Taquile, Amantaní und der Uros-Schilfinseln.

auf ihre aus mächtigen Schilfbündeln gebauten Inseln zurück. Dank der genießbaren jungen Schilfstängel sowie durch Fisch- und Vogelfang waren sie autark. Doch die »Entenfresser«, wie sie die ihnen ebenfalls feindlich gesinnten Aymara abfällig nannten, teilten spätestens während der Eroberung das traurige Schicksal ihrer Nachbarn. Wann immer die Spanier ihrer habhaft wurden, wurden sie in die Silberminen von Potosí verschleppt. Die Folge der diversen Verfolgungswellen waren teilweise Assimilierung und Mestizisierung. Der letzte reinrassige Uro starb vermutlich vor 50 Jahren, die meisten der Mestizen mit Uro-Wurzeln leben heute auf dem Festland und besuchen ihre schwimmenden Inseln nur zeitweise. Erstaunlicherweise dient aber gerade hier der Tourismus teilweise der Traditionsbewahrung. Weil die Fremden die Schilfhütten auf den künstlichen Eilanden, die alle sechs Monate erneuert werden müssen, und die charakteristischen vorne aufgebogenen Schilfboote so malerisch finden, lohnt sich die Bewahrung der Postkartenidylle und des Handwerks der Väter. Auch wenn es vielen modernen Uros als unkomfortabel erscheint, jedes Jahr das angerottete Boot auszutauschen und dafür wieder einen Monat lang Totora-Schilf zu schneiden, zu bündeln und zusammenzubinden, sind sie geschickt in Sachen Selbstmarketing geworden. Gerne erzählen sie den Reisenden, dass ihre Vorfahren schwarzes Blut hatten, um dem Leben in der Kälte und Feuchtigkeit der schwimmenden Inseln gewachsen zu sein.

Arequipa, die Schaumgeborene

Nicht umsonst braucht Arequipa einen eigenen Schutzheiligen: Der Señor de los Temblores, der Herr über die seismischen und vulkanischen Erschütterungen, die die Region ungefähr zweimal pro Jahrhundert in größerem Ausmaß und in Form kleinerer Beben sogar mehrmals täglich heimsuchen, hat oft alle Hände voll zu tun. Gleichzeitig bemüht die Bevölkerung des Hochtals von altersher den Abwehrzauber, der dem typischen weißen Baumaterial innewohnen soll. Der leicht cremefarbene Sillar ist selbst vulkanischen Ursprungs, nämlich der erstarrte Schaum der Lava. Dieser weiße Tuffstein gab der heute zweitgrößten Stadt »Ciudad Blanca« ihren

Namen, auch wenn sich hartnäckig das Gerücht hält, er ginge auf die europäischen und damit weißen Bewohner zurück.
Doch lange bevor Diego de Almagro und sein wüster Haufen Konquistadoren im Februar 1537 die »Villa de nuestra Señora de la Asuncion del Valle Hermoso de Arequipa« – die Stadt der Himmelfahrt Mariens im schönen Tal von Arequipa – gründeten, lebten Menschen in der klimatisch sehr begünstigten Region.
Nur 75 Kilometer Luftlinie von der Küste entfernt und ganzjährig von der Sonne verwöhnt, war der Ort schon von den Wari als Heimat erwählt worden. Der Inka-General Mayta Capac gab ihm schließlich den Namen: Ariquepay, was auf Quechua »wir bleiben« bedeutet. Die zum UNESCO-Weltkulturerbe gehörende Altstadt ist ein einzigartiges Museum kolonialer Kunst mit vielen Kirchen und wunderschönen Herrenhäusern. Die bei Weitem originellste Profanarchitektur Südamerikas, die unbekümmert inkaische Pumas und Qantu-Blüten mit christlichen Segenssprüchen mischte und imposante Wasserspeier und Fensterstürze verwendete, zeigen zahlreiche Beispiele wie die Casa del Moral oder die Casona Arango. Kunst- und Architekturfreunde kommen voll auf ihre Kosten. Unter den unzähligen Sakralbauten ist vor allem das zitadellenartige Kloster Santa Catalina sehenswert.

Kontemplation in stillen Gassen

Die 20 000 Quadratmeter große Stadt, die ihr Vorbild im griechisch-orthodoxen Katharinenkloster auf der Halbinsel Sinai hat, entstand 1579 im Zuge einer allgemeinen religiösen Hochstimmung, während derer Philipp II. in Spanien den Escorial bauen ließ. Die drei bisherigen Nonnenklöster Arequipas waren zu klein geworden, um den Andrang all der zweitgeborenen Töchter vornehmer Familien aufzunehmen, die sich nach alter Tradition dem Klosterleben zu verpflichten hatten. So wurde kurzerhand ein Teil der Stadt mit hohen weißen Mauern umgeben und mit klösterlichen Ge-

Weite und Stille geben den Ufern des höchsten schiffbaren Sees der Erde eine ganz besondere Atmosphäre.

bäuden ergänzt, um eine wahre Festung des Glaubens entstehen zu lassen. Ursprünglich lebten hier rund 150 Nonnen mit 400 Bediensteten in hermetischer Abgeschlossenheit, denn die Bräute Christi verließen das Kloster nie und sprachen mit Besuchern nur unter Aufsicht durch kleine vergitterte Fensterchen. Die erhebliche Mitgift, die die Novizinnen mitzubringen hatten, sowie das von externen Bediensteten bestellte Ackerland außerhalb der Klostermauern ermöglichte wirtschaftliche Autarkie. Außerdem verkauften die Nonnen durch ein kleines Drehfenster ihre Backwaren an die Stadtbewohner, die sie dabei nie zu Gesicht bekamen. Erst 1970 öffnete das Kloster zum ersten Mal seit 400 Jahren seine Pforten, um einen Teil der andalusisch wirkenden Gassen mit ihren weißen Mauern und Geranientöpfen, den bunt bemalten Innenhöfen und lauschigen Plätzchen mit der Öffentlichkeit zu teilen. Die heute 28 Nonnen, die ein Nebengebäude bewohnen, haben sogar ihre eigene Selige: Die 1686 im Alter von 80 Jahren gestorbene Schwester Ana de los Angeles Monteagudo wurde für eine Krankenheilung 1985 von Papst Johannes Paul II. selig gesprochen.

Die Jungfrau aus dem Eis

Als Stadtmaskottchen der besonderen Art fungiert die Mumie Juanita, die nach ihrem Fund 1995 durch den Anthropologen Johann Reinhard im Museo Santuarios Andinos ihre neue, gut besuchte Ruhestätte fand. Das etwa 13 bis 14 Jahre alte Mädchen ist Perus besterhaltene Eismumie und wurde vor rund 500 Jahren wohl dem Apu Ampato geopfert, dem Berggott des Vulkans Ampato. Bisher wurden 14 Mumien von den umliegenden Vulkanen geborgen und geben Aufschluss

Der verwinkelte Innenhof des Santa-Catalina-Klosters in Arequipa hält für den Besucher viele pittoreske Winkel bereit.

Die Nachmittagssonne lässt die Farben besonders intensiv leuchten und erzeugt faszinierende Licht- und Schattenspiele.

Arequipa liegt am Fuß des Vulkans El Misti – aus Angst vor geologischen Aktivitäten in dieser Gegend brachten die Inkas den Berggöttern Opfer dar.

über die naturreligiös motivierten rituellen Tötungen der Inkas. Auf den höchsten Gipfeln der Anden, die als heilige Orte galten, brachten die Inkas das Beste dar, was sie besaßen: die Kinder besonders hochgestellter Familien. Damit sollten die Apus in Krisenzeiten besänftigt werden, damit sie Erdbeben unterließen und Leben spendendes Wasser ins Tal schickten.

Bevor Juanita auf 6310 Metern Höhe vermutlich von Priestern durch einen Schlag auf den Kopf getötet wurde, wurde sie mit Chicha-Bier eingeschläfert und mit Koka betäubt. Voraus ging ein Ritual, das auf Quechua Capac Cocha heißt und für das das Opfer von seiner Familie freiwillig bestimmt worden war. Den Göttern ein Opfer zu bringen, galt als große Ehre. Folglich wurden die schönsten und makellosesten Kinder des Reiches aufs Beste ausgestattet und machten sich in reich verzierten Ornaten, mit diversen Utensilien wie Nähzeug und Kokabeutel sowie figürlichen Totenbegleitern wie silbernen Lamas versehen auf den Weg nach Cuzco, wo sie auf ihren Opfergang vorbereitet wurden. Höhepunkt des Capac Cocha war die Segnung durch den Inka selbst. Dann trat jedes Kind zusammen mit den Priestern den Weg zum für ihn bestimmten Berg an, um seinem Apu dargeboten zu werden. Im festen Glauben, die Götter günstig stimmen und Naturkatastrophen abwenden zu können, wurden sie in die sorgfältig vorbereiteten und reich geschmückten Eisgräber gebracht. Ihr auch nach einem halben Jahrtausend im Eis immer noch friedlich wirkender Gesichtsausdruck lässt darauf schließen, dass das Capac Cocha ihnen keinerlei Qualen verursachte.

Die Apus können vom neuzeitlichen Bergsteiger in zahllosen Touren besucht werden. Arequipa ist Ausgangs-

Links: Freundlicher Empfang im Kloster, das erst seit 1970 der Öffentlichkeit zugänglich ist. Rechts: Der weiße Tuffstein Sillar fand in kolonialer Zeit für die kunstvolle Fassadengestaltung in Arequipa Verwendung.

punkt für die anspruchsvolle Besteigung der Vulkane Chachani (6075 Meter), Pichu Pichu (5425 Meter) und Misti (5821 Meter), die das Panorama der Stadt bestimmen. Weniger extreme Anforderungen gelten für eine Tour durch den Colca-Canyon, die tiefste Schlucht Südamerikas. Dort lassen sich mit etwas Glück auch die Könige der Anden, die Kondore, beobachten.

Der Herr der Anden

»Der wahre Herr der Anden ist der Wind«, sagt der Fotograf Pablo Corral Vega, und »die Geschichte der Anden ist die Geschichte des Windes.« Am Colca-Canyon rund 15 Kilometer nördlich von Arequipa wird dies besonders deutlich, wenn man den scheinbar schwerelosen Flug des Kondors beobachtet.

Weitere 170 Vogelarten und die weltweit größten Riesenkolibris sind in der Schluchtenlandschaft zu Hause, die sogar den Grand Canyon in den USA fast bescheiden aussehen lässt. Vom 5226 Meter hohen Señal Ajirhua geht es über 4000 Meter in die Tiefe, vom bequem zu erreichenden Mirador Cruz del Condor sind es noch 1200 Meter Abgrund. In der vielleicht attraktivsten Natursehenswürdigkeit Perus kommen Rafting-Fans und Trekker gleichermaßen auf ihre Kosten.

Die Uferbereiche im tiefsten Canyon des Kontinents werden seit altersher intensiv landwirtschaftlich genutzt. So siedelte um Christi Geburt hier die Collagua-Kultur. Auf rund 6000 Hektar Terrassenfeldern werden heute wie damals Ackerfrüchte aller Art wie Mais, Kartoffeln, die Knollenfrucht *olluco* und Bohnen angebaut. Die Opuntien in höheren Lagen dienen als Wirtspflanze der Koschenille-Schildläuse, die den wertvollen roten Farbstoff liefern – immerhin 20 Prozent der peruanischen Produktion kommen aus dem Colca-Tal. Zu Inkazeiten transportierten Lamakarawanen verschiedenstes Obst und Gemüse nach Cuzco. Die Spanier hatten an den 60 000 Bewohnern allerdings nur ein Interesse: Sie sollten die Gold- und Silbervorkommen in Caylloma abbauen und außerdem die Kornkammer für die Minen von Potosí befüllen. Die Franziskaner kümmerten sich um das Seelenheil der Eroberten, wovon heute noch zahlreiche Missionskirchen in der schneeweißen Pracht des Sillargesteins zeugen. Durch die Zwangsarbeit und eingeschleppte Krankheiten verödeten die 14 von den Kolonialbehörden gegründeten Dörfer jedoch schnell, und der Colca-Canyon fiel bis zu seiner »Wiederentdeckung« durch Robert Shippee und George Johnson in einen Dornröschenschlaf. Erst 1978 wurde der Río Colca zum ersten Mal von einem Europäer in einer 17-tägigen Expedition befahren.

Der Marktflecken Chivay im Tal des Río Colca mit seinem wohltuenden Thermalbad La Calera und den mit

Der Rio Colca hat sich fast doppelt so tief in die Erde eingeschnitten wie der Grand Canyon in den USA.

Entlang des Canyons trifft man immer wieder auf alte Anlagen aus der Inka-Zeit.

Der Rio Colca ist die Lebensader einer ganzen Region. Erst bei einer Wanderung zum Grund des Canyons offenbart sich das intensive Grün, das er spendet.

übereinander getragenen bunten Brokaträcken bekleideten Frauen, dient oft als Ausgangspunkt für Exkursionen in den eigentlichen Canyon, der bei Pinchollo beginnt.

Anfangs ist fast ständig der meist in Wolken gehüllte Vulkan Hualca Hualca im Blick, der immer noch in kurzen Abständen aktiv wird und die umliegenden Dörfer bedroht. Mit bunten Wollfäden im Ohr gekennzeichnete Lamas bevölkern den Wegesrand der Schotterpiste, die durch den Canyon ins noch sehr traditionelle Andendörfchen Cabanaconde führt. Mit etwas Glück sind Riesenkolibris zu beobachten oder die an die Felswand geklebten Gräber der Collagua auszumachen. Nach der Überlieferung verlängerte das Aymara sprechende Volk die Köpfe der Neugeborenen, um klarzumachen, dass sie den rauchenden Kaminen der Vulkane entstiegen waren. Zusammen mit den Quechua sprechenden und plattköpfigen Cabanas, die den Talgrund bevölkerten, wurden sie Vasallen der Sonnensöhne.

Bei Pinchollo kann man eine in Stein gemeißelte Terrassenreliefkarte bewundern: So überlieferten die Inkas ihr Wissen um den Zusammenhang zwischen Terrassenneigung und Wasserverteilung, das von heutiger Ingenieurskunst nicht übertroffen wird. Am ehemaligen Kultplatz Mirador Cruz del Condor verdeutlicht zwar ein christliches Kreuz, wer seit der Eroberung die Glaubenshoheit beansprucht, doch macht die Landschaft den Zauber der alten Opferstätte für Mutter Erde noch spürbar. Wenn die mächtigen Kondore sich im Licht der ersten Sonnenstrahlen in die Obhut der Winde im Canyon begeben, erfasst den menschlichen Beobachter andächtige Stille.

Die Schwingen des Kondors

Die aasfressenden Neuweltgeier mit einer Flügelspannweite von bis zu 3,2 Metern gleiten majestätisch dahin und nutzen geschickt die Aufwinde an den steilen Abgründen, um sich trotz eines Gewichts von bis zu 12 Kilogramm mühelos in die Höhe zu schrauben. Sie werden bis zu 70 Jahre alt und sind trotz zahlreicher Schutzbemühungen heute vom Aussterben bedroht. Da sie erst im Alter von

12 Jahren geschlechtsreif werden und nur alle drei Jahre ein Ei legen, sind die Fortpflanzungschancen der streng monogamen Vögel nicht sehr groß. Für viele indigene Gemeinschaften hat der Kondor als Überbringer guter und schlechter Vorzeichen eine mythologische Bedeutung. Die Inkas hielten ihn gar für unsterblich und schrieben ihm eine tragende Rolle im täglichen Sonnenkreislauf zu, da er stark genug war, den Leben spendenden Stern jeden Tag ans Firmament zu heben. Die Chavín-Kultur verehrte ihn als heiliges Tier, dessen Flughöhe von bis zu 5000 Metern ihn nahe an die Sphäre des Göttlichen bringt. Auch heute noch symbolisiert er Kraft, Intelligenz und das Streben in die Höhe, weswegen er sich auf etlichen lateinamerikanischen Staatswappen wiederfindet. In Peru erzählt man sich noch häufig die Legende, dass ein Kondor, der sein Ende nahen fühlt, sich vom höchsten Berggipfel in die Höhe schraubt und dann wie ein Stein fallen lässt, um am Grund einer Schlucht zu zerschellen. Dieser Tod symbolisiert gleichzeitig die Rückkehr ins Nest der Berge, von wo aus ein neuer Lebenszyklus seinen Anfang nimmt.

In dem alten Mythos schwingt auch etwas mit von der Lebenserfahrung der Andenbewohner, die getreu dem alten Sprichwort »La esperanza es la última que se muere« – die Hoffnung stirbt zuletzt – auch unter den überaus harten Lebensbedingungen, die ihnen eine gnadenlose und zugleich berührende Natur auferlegt, nach jahrhundertelanger Unterdrückung und trotz drohender Entwurzelung in der modernen Welt ihre grundsätzliche Lebensbejahung nicht verloren haben.

Sie entlädt sich im Karneval, in den Prozessionen und Wallfahrten, in den Dorffesten, bei denen *chicha*, das Maisbier, in Strömen fließt. Ein bisschen Trotz ist auch dabei angesichts der ständigen Nähe des Gevatters Tod, der periodisch wiederkommt in Form von Naturkatastrophen, Eroberungen und Revolutionen, sowie die tiefe Gelassenheit, die aus der Einsicht erwächst, dass die Angst vor dem Tod letztlich die Angst vor dem Leben ist.

Genau wie die Fische und Reiher des Titicacasees gelten Alpacas und Kondore auch heute noch als heilige Tiere.

Nördliche Hochanden

Mario Vargas Llosa schreibt über die spektakulärste Seite seines Heimatlands: »Wenn wir die Augen schließen und an die fernen Anden denken, kommt uns gewöhnlich erst eine menschenleere Landschaft in den Sinn. Cordilleras mit hoch aufragenden vergletscherten Vulkanen, schwindelnden Schluchten und riesigen, leeren Weiten, über denen gelegentlich ein Kondor seine Kreise zieht, oder tief eingeschnittene Täler, in denen wir die furchtsamen Gesichter, die großen, ängstlichen Augen einer Lama- oder Alpakaherde erblicken.« Die dramatische Berglandschaft in Perus Norden beherbergt zugleich die Schauplätze einer nicht minder dramatischen Geschichte: Im Schatten der Vulkane wurde das Schicksal des letzen Inkaherrschers besiegelt.

Blick zum Pass Punta Union: Die umliegenden Gipfel des Taulliraju und der Rinrijirca-Gruppe präsentieren vielen Wanderern ihr erstes großes Hochanden-Panorama.

Nur an wenigen Stellen im Nationalpark Huascarán ragen die 6 Meter hohen Blütenstände der Riesenbromelie Puya Raymondii in den Himmel. Es ist eine vergängliche Schönheit: Die Pflanze bereitet sich bis zu 100 Jahre auf die Blüte vor, um danach zu sterben.

Ein Gebirgsbach, gespeist aus dem Wasser Jahrhunderte alter Gletscher, schlängelt sich ins Tal Callejón de Huaylas, um in den Río Santa zu münden.

Grabstätte über den Wolken: Übermannsgroß sind die Sarkophage, die die Chachapoyas in Karajía in unzugängliche Felsnischen »hineinklebten«.

Weitgehend unberührte Natur spiegelt
sich im türkisfarbenen Wasser der Lagunas
Llanganuco im Nationalpark Huascarán.

Die Anden – dem Himmel so nah

Den nur 80 bis 100 km breiten Küstenstreifen trennt die karge Cordillera Occidental von der Hauptkordillere mit ihren beeindruckenden Gipfeln von über 6000 Metern Höhe. Nördlich von Lima, in der so genannten Cordillera Blanca, die ihren Namen dem ewigen Eis verdankt, findet sich auf 180 Kilometern Länge die weltweit größte Zahl von Gletschern in tropischen Breiten. Der Huascarán, mit seinen 6768 Metern der höchste Berg des Landes, lockt ebenso wie die benachbarte Cordillera Huayhuash Bergbegeisterte aus aller Welt. Fünfzig Gipfel, die höher sind als der Montblanc, stehen den Ambitionierten zur Auswahl. Nicht nur Gipfelstürmer kommen dabei auf ihre Kosten: Viele der Berge lassen sich auf Trekkingtouren umrunden, wobei Pässe bis auf 5000 Meter Höhe zu überwinden sind. Die Mühen werden durch atemberaubende Ausblicke belohnt. Man spürt fast die Präsenz der Apus, der mächtigen Berggottheiten der indigenen Quechua, in der ursprünglichen Majestät der Landschaft. Die kristallene Klarheit der Andenluft findet sonst nirgendwo ihresgleichen. Hunderte türkisblauer Bergseen wie die beiden Lagunas Llanganuco im Nationalpark Huascarán strahlen eine kalte, majestätische Ruhe aus. Dazwischen verstecken sich zahllose selten besuchte präkolumbianische Anlagen wie die von Huánuco Viejo, das durch seine Lage in flachem Gelände einen Idealgrundriss ohne landschaftliche Zwänge aufweist, oder Wilkawaín, der einzige erhaltene Steintempel mit Satteldach aus der Vor-Inka-Periode.

Cajamarca – Schicksalsstadt Atahualpas

Ihre gruselige Vergangenheit sieht man der Stadt nicht sofort an. Von der Panamericana Norte führt hinter Pacasmayo eine Nebenstraße durch

Der Alpamayo präsentiert seine Schokoladenseite: Die steile Eisflanke, die vom Hochlager zum Gipfel führt.

Reisfelder und später über die steile Passhöhe Abra de Gavilán (3200 Meter) nach Cajamarca. Das 95 000-Einwohner-Städtchen auf 2750 Metern Höhe erfreut den Besucher mit angenehmem trockenwarmem Klima und seinen Thermalquellen. Durch die nahe gelegene Silbermine von Hualgayoc reich geworden, entwickelte sich die Inka-Gründung Caxamalca zur Zeit der Spanier zu einem bedeutenden kolonialen Zentrum, das später sogar Alexander von Humboldt besuchte. Die heutige Provinzhauptstadt liegt zwischen Eukalyptuswäldern, Pinienhainen und Maisfeldern, rote Ziegeldächer leuchten in der Sonne. Prächtige Kirchen schmücken diese koloniale Perle.

Zu Inkazeiten war Cajamarca ein Verwaltungssitz mit einem großen Platz, auf dessen Podest, dem so genannten *usnu*, die Beamten und Priester Versammlungen mit den Bewohnern der Bergtäler abhielten. Lang gestreckte Hallen und einige Palastgebäude umgaben den Platz. Die heutige Plaza ist kleiner und mit Bäumen geschmückt. An Markttagen wimmelt es von Besuchern mit den charakteristischen hohen Strohhüten der Region. Als Zeichen der neuen Herren stehen Barockkirchen und Häuser mit den typischen spanischen Balkonen an den Seiten. Der Kathedrale aus Vulkanstein mit der aufwendig verzierten Fassade fehlt wie vielen anderen Kirchen Perus der Glockenturm. Wäre sie fertiggestellt worden, hätte der Vizekönig sie besteuert. Nur ein paar Meter südlich steht ein beeindruckender Bau aus den für die Inka typischen fugenlos aufeinandergesetzten Steinquadern. Angeblich befindet sich hier

Eisige, faszinierende Welten: Die Gletscherregionen der Cordillera Blanca lassen sich nur mit bergsteigerischer Erfahrung erkunden.

das cuadro de rescate, das Lösegeldzimmer, das untrennbar mit dem Untergang der Inkas verknüpft ist. Ein Strich markiert die Höhe, bis zu der die Schätze aufgetürmt wurden.

Die Erschütterung der inkaischen Welt

Nahezu unglaublich erscheint es heute, dass eine Handvoll Spanier mit einem tollkühnen Plan in Cajamarca ein Imperium auslöschen konnten. Noch wenige Jahre zuvor hatte es deutlich weniger verheißungsvoll für die zerlumpte Truppe ausgesehen, die auf der unbewohnten Pazifikinsel Isla del Gallo vor Kolumbien von monatelangen Strapazen erschöpft kurz vor der Meuterei stand. Da bewies ein unehelicher Sohn einer Bäuerin und eines Edelmannes aus Trujillo in der Extremadura, Spaniens Armenhaus, einmal mehr seinen eisernen Willen zum Erfolg. Entschlossen zog der damals 50-jährige Francisco Pizarro einen Strich in den Sand und stellte die müden Krieger vor eine historische Wahl: »Hier kehrt ihr arm nach Panama zurück. Dort könnt ihr nach Peru weiterziehen und reich werden. Wählt, was euch als guten Spaniern am besten ansteht.« Sein unbedingtes Streben nach gesellschaftlichem Aufstieg und Reichtum, das ihn mit seinem entfernten Vetter Hernán Cortés verband, dem damals schon erfolgreichen Eroberer von Mexiko, wirkte ansteckend. Die »ruhmreichen Dreizehn« schlossen sich ihm an, um nach diversen Vorbereitungen 1532 – mittlerweile ausgestattet mit einem Freibrief des Kaisers Karl V. – im Golf von

Auch Alexander von Humboldt besuchte die koloniale Perle Cajamarca.

Guayaquil an Land zu gehen. Drei Schiffe, 37 Pferde und gerade einmal 180 Mann begleiteten Pizarro und seinen Partner Diego de Almagro. Doch der Moment hätte günstiger nicht sein können. Nachdem der Gottkönig Huayna Capac, Sohn der Sonne und allmächtiger Gebieter über das Reich der vier Weltgegenden, an den von den Spaniern eingeschleppten Pocken gestorben war, war das Reich in einem blutigen Erbfolgekrieg gefangen. Atahualpa verfügte über ein riesiges Berufsheer, mit dem er seinen Bruder Huascar belagerte, der sich mit der etablierten Elite in Cuzco aufhielt. Nach der Gefangennahme Huascars wollte sich Atahualpa in Cuzco krönen lassen. Pizarro reagierte blitzschnell und beschloss, den Thronfolger in der Provinzhauptstadt Cajamarca zu stellen.

Atahualpa nahm in den nahen Thermalquellen gerade ein Bad, als ihm die Ankunft des Spaniers gemeldet wurde, den seine Kundschafter schon einige Zeit argwöhnisch beobachtet hatten. Er hieß die Konquistadoren mit dem traditionellen Maisbier *chicha* willkommen und lud sie ein, in den Gebäuden rund um den Hauptplatz von Cajamarca Quartier zu beziehen. Dort wollte man sich am nächsten Tag treffen. Den Spaniern sank angesichts 80 000 bewaffneter Inkakrieger das Herz in die Hose, doch Pizarro ersann den tollkühnen Plan, den Gottkönig inmitten seiner Streitmacht gefangen zu nehmen. Als der festlich geschmückte Herrscher in einer silberbeschlagenen Sänfte, die von 80 Adligen getragen wurde, in Cajamarca ankam, hatte Pizarro in den Hallen rund um den Platz einen Hinterhalt vorbereitet und seine Geschütze in Stellung gebracht. Ein Vorwand war schnell gefunden: Erstaunt und irritiert ließ der Inka das Gebetbuch fallen, dass ihm der Dominikaner Vicente de Valverde reichte, da er weder den Sinn der ihm unbekannten Schriftzeichen noch den der »Dinge Gottes« erkannte, die ihm der Priester mit Hilfe eines Dolmetschers zu erklären versuchte. Die vermeintliche Gotteslästerung war das Signal für die Reiter und Fußtruppen aus ihren Verstecken zu stürmen und auf die völlig überraschten und auf dem Platz eingezwängten Inkas einzustechen und ihre Geschütze abzufeuern. Die Adligen versuchten, den Gottkönig mit ihrem Leben zu schützen, doch Pizarro und einige Reiter stießen die Sänfte um und nah-

Die Gassen von Cajamarca sind berühmt für ihr koloniales Flair.

Über den Dächern von Cajamarca: Die 2800 Meter hoch gelegene Stadt mit ihrem angenehmen Klima ist ein idealer Ausgangspunkt für abenteuerliche Touren in unentdeckte Gebiete Nordperus.

men Atahualpa gefangen. Auf der Ebene von Cajamarca ging das Gemetzel noch stundenlang weiter. Die Spanier selbst waren überrascht, dass »ein so großer Herrscher in so kurzer Zeit gefangen genommen werden konnte, wo er doch mit einer solchen Macht angetreten war«, wie Pizarros Sekretär Francisco de Jerez festhielt. Der tollkühne Streich hatte den gewünschten Erfolg. Aus Angst um das Leben des Herrschers versank das Reich in Lähmung. Nach dem ersten Schock kam Atahualpa aus der Beobachtung heraus, dass die Spanier gierig alles Gold und Silber zusammenrafften, dessen sie habhaft werden konnten, zu dem fatalen Trugschluss, dass er in die Hände gewöhnlicher Schatzräuber gefallen war. Eindrucksvoll beschreibt Jakob Wassermann in seiner Novelle »Das Gold von Caxamalca« den Kulturschock des Inka: »Der Gedanke, etwas mit Gold zu erkaufen, musste ihn im tiefsten Gemüt erstaunen und beunruhigen. In jener Stunde, beim Anblick meiner vom Gold berauschten Gefährten auf der einen Seite und der stummen und staunenden Miene des Inka auf der andern, wurde mir zum ersten Mal deutlich, wie fremd wir ihm waren, unfassbar und schaurig fremd, nicht wie Menschen aus einer Welt, die er nicht kannte, sondern wie Wesen von einer ganz und gar unerklärlichen Beschaffenheit.« Dass es sich außerdem um expansionshungrige Kolonialisten handelte, entzog sich seiner Logik. So bot er als Lösegeld an, einen Raum mit Reichtümern füllen zu lassen. Wassermanns fiktiver Chronist berichtet unter Bezugnahme auf historische Quellen: »Der Raum war siebenunddreißig Fuß breit, zweiundfünfzig Fuß lang, und eine rote Linie auf der Wand lief neuneinhalb Fuß über dem Boden … Wir waren so erregt von der Verhandlung und dem geschlossenen Vertrag, dass unsere Stimmen lallten und die Gesichter wie im Fieber glühten …« Monatelang brachten Karawanen aus dem ganzen Reich Gefäße und Schmuck aus Edelmetall herbei. Die Spanier hatten keinen Sinn für die einmaligen Kunstgegenstände, die das Erbe eines ganzen Volkes darstellten, und schmolzen sie zum leichteren Transport zu Barren um. Über sechs Tonnen Gold und zwölf Tonnen Silber, die heute umgerechnet 85 Millionen Euro wert wären, erzielten sie auf diese Art. Nach Abführung des Quin-

Die Wiege der präinkaischen Hochkultur Chavín de Huántar verbirgt ihre geheimnisvollen Skulpturen oft in langen unterirdischen Gängen. (links) Sechín wird ebenfalls der Chavín-Kultur zugeordnet. (rechts)

to Real, des obligatorischen Fünftels an die Krone, erhielt jeder aus Pizarros Truppe entsprechend seiner Stellung seinen Anteil.

Das Ende eines Herrschers

Als Diego de Almagro mit Verstärkung aus Panama eintraf, forderten seine Soldaten ebenfalls einen Teil der Beute. Es kam zu gefährlichen Spannungen und Zwistigkeiten, die noch geschürt wurden durch die Angst vor den Folgen einer möglichen Freilassung Atahualpas. Obwohl der Inka alle Forderungen erfüllt hatte, wurde Pizarro wortbrüchig. In einer Art Kurzschlusshandlung wurde der mächtigste Mann Perus unter fadenscheinigen Hochverratsvorwürfen zum Tode verurteilt. Ein schneller Übertritt zum Christentum ersparte es ihm, lebendig auf dem Scheiterhaufen verbrannt zu werden. Das Urteil wurde am 26. Juli 1533 auf dem Platz mit der Garrotte, dem Würgeeisen, vollstreckt. Angeblich war der hartgesottene Pizarro bewegt: »Ich sah den Gouverneur weinen aus Kummer darüber, ihm nicht das Leben lassen zu können, wegen der Gefahren im Land für den Fall seiner Freilassung«, erinnerte sich ein Knappe. Weder von den spanischen Behörden in Panama noch von Kaiser Karl selbst wurde die Tat gebilligt, doch Konsequenzen hatte Pizarro keine zu befürchten.

Nun begann die eigentliche Eroberung des Inkareichs mit dem Vorrücken der Invasoren auf das 1300 Kilometer entfernte Cuzco. Atahualpas kriegserprobte Heere stellten die Spanier mehrmals, doch ohne Erfolg. Mit ihren Äxten und Keulen aus Stein oder Kupfer und den leichten Holzhelmen hatten sie den Schwertern aus Toledostahl, den Kettenhemden und Metallhelmen der Konquistadoren nicht viel entgegenzusetzen. Ihre geschlossenen Angriffsformationen boten ein leichtes Ziel für die Geschütze der Spanischen Eroberer und wurden von den schnellen, beweglichen Reitern regelrecht niedergeritten. Auch ihre Überzahl konnte die technische und taktische Überlegenheit der Eindringlinge nicht aufwiegen, die für jeden gefallenen Spanier Hunderte von Inkas töteten.

Wo einst Atahualpa badete

Die bedrückenden historischen Eindrücke können in den Baños del Inca nahe der Stadt im schwefelhaltigen

Wasser der Thermalquellen abgespült werden. Wo einst der Inka Atahualpa badete, gibt es heute ein Schwimmbecken und mehrere Privatbadewannen, die abends mit dem 78 Grad heißen Wasser gefüllt werden, das über Nacht auf eine angenehme Temperatur herunterkühlt. So geht es entspannt über teils abenteuerliche Pisten durch mehrere Vegetationszonen weiter nach Chachapoyas. In Celendín bietet sich für Hutfans ein kurzer Einkaufsstopp an, denn hier werden die berühmten hohen Strohhüte gefertigt, die die Einheimischen der Region tragen. An den Ufern des Río Utcubamba in Leimebamba macht ein nagelneues Museum mit den Begräbnisriten der ursprünglichen Bewohner der Gegend bekannt: den geheimnisvollen Wolkenkriegern.

Wolkenkrieger im Nebelwald: Chachapoyas

Wenig mehr kennt man von den Wolkenkriegern der Chachapoyas als ihre Sehnsucht nach Unsterblichkeit. In einem der feuchtesten Winkel der Erde, den Bergnebelregenwäldern in Nordperu, entdeckten 1997 Forscher rund 200 Mumien unter einem schützenden Felsvorsprung in luftiger Höhe über einem fast schwarzen Bergsee. Aus ihren geöffneten Mündern, die die vor dem Gesicht zusammengebundenen Hände halb verbergen, scheinen sie nach der Überlieferung einst die Geister der Verstorbenen verlassen zu haben. Kostbare Stoffe umhüllten die Toten. Ein aufgesticktes Gesicht erinnerte an den Verstorbenen. Der Wind trocknete die Leichname aus, die die Chachapoyas zusätzlich mit Pflanzenextrakten für die Ewigkeit konservierten und in der typischen Hockstellung in Säcke einnähten.

Zwar hatten Grabräuber die zweigeschossigen Grabtürme in der Felsnische vor den Forschern entdeckt und geplündert. Doch aufschlussreich war der tausendjährige Fund allemal, denn

Gut geschützt vor Sturm und Regen liegen die kleinen Grabhäuschen von Revash im Santo-Tomás-Tal.

über die Menschen, die vom 9. bis 16. Jahrhundert in den Nebelwäldern siedelten, ist bisher nicht viel bekannt. Nicht einmal ihr Name ist überliefert: »sacha puya«, Menschen aus den Wolken, nannten sie die Inkas, denen sie sich erfolgreich widersetzten, bis sie 1475 von einer übermächtigen Streitmacht des Tupac Inca Yupanqui geschlagen wurden. Als Sklaven im Inka-Imperium begrüßten sie die spanischen Eroberer, von denen sie sich die Befreiung erhofften. Von Europäern eingeschleppte Krankheiten wie Pocken und Masern trugen wesentlich dazu bei, dass die Wolkenkrieger im Nebel ihrer Wälder immer weniger wurden und allmählich in Vergessenheit gerieten – bis ein paar Grabräuber über den spektakulären Mumienfund an der Laguna de los Cóndores regelrecht stolperten.
Zum Schutz vor weiteren ungebetenen Besuchern werden die Mumien und andere wertvolle Fundstücke wie reich verzierte Textilien, Keramiken und Gebrauchsgegenstände wie Agavenfasersandalen heute im Museum von Leimebamba aufbewahrt. Die Chachapoyas-Fürsten gingen fein geschmückt in die Ewigkeit.
Von Leimabamba aus führt auch eine Dreitageswanderung durch die reiche Vegetation des Bergregenwalds zum Fundort der Mumien. Herrliche Orchideen, Bromelien, Baumfarne und Lianen säumen den Pfad, der teilweise jahrhundertealten gepflasterten Wegen folgt, bevor man über die alten Leitern der Mumienexpedition von 1997 zu den ursprünglich zweigeschossigen Mausoleen und den für die Chachapoyas typischen Zickzackfriesen hinaufklettert.

Abenteuer Chachapoyas: Spannende Expeditionen mit Lasteneseln in unbekannte Nebelregenwälder, die riesige Festungsruine von Kuélap oder die aufgeschlossenen und freundlichen Bewohner – genug Gründe, Chachapoyas in die nächste Perureise fest einzuplanen.

Blonde Krieger

Groß und hellhäutig, fast blond waren die geheimnisvollen Krieger, ihre Frauen wahre Schönheiten. Über ihren Ursprung gibt es zahlreiche fantastische Vermutungen – Phönizier, Karthager oder Kelten werden als Stammväter bemüht – aber wenige Beweise. Linguisten vermuten ihre Vorfahren aufgrund von Ähnlichkeiten in der Sprache eher in Kolumbien. Ihre charakteristischen Rundbauten mit dem festungsartigen Charakter legen wechselnde Allianzen der einzelnen Siedlungen nahe. Ihre Keramiken zeigen, dass sie mit Feinden nicht zimperlich umgingen: Abgehackte Köpfe wurden wohl in Triumphzügen durchs Dorf getragen. Dazu passt auch, dass das Kriegervolk mit den kahl geschorenen Schädeln und den rot bemalten Körpern als oberste Götter die Schlange und den Jaguar verehrten.
Die bisher wichtigsten Ruinenfunde aus dieser Kultur sind El Gran Pajatén und Kuélap. Letzteres wurde Mitte des 19. Jahrhunderts von Juan Crisóstomo Nieto inmitten unzugänglicher Berge entdeckt. Mehr Steine als für die große Pyramide von Gizeh sollen in Kuélap verbaut worden sein. Die riesigen Festungswälle aus mörtellos ver-

Wie schillernde Juwelen erscheinen nach einem heftigen Gewitter im Bergland die Fragmente eines Regenbogens.

fugten, exakt behauenen Steinen lassen Besucher nur durch drei enge Durchlässe ein, die gerade mal einer Person Platz bieten. Die Innenstadt mit ihren über 400 runden und ovalen Gebäuden aus Granitblöcken bot Tausenden Platz und war dennoch von einer Hand voll Krieger zu verteidigen. Eine Belagerung wäre auch wegen der unterirdischen Quelle, die ganz Kuélap versorgen könnte, leicht auszusitzen gewesen. Der merkwürdige Bau, wegen seiner sich nach oben verjüngenden Form El Tintero, Tintenfass, genannt, gibt den Forschern heute noch Rätsel auf.

Erst kürzlich stießen peruanische und nordamerikanische Archäologen in Saposoa auf die Ruinen einer riesigen Stadt mit ihren Befestigungsanlagen. Der »Gran Saposoa« genannte Komplex stammt aus dem 7./8. Jh. n. Chr. und ist damit der älteste bisher gefundene Ruinenkomplex der Chachapoyas. Alle vorherigen Funde werden zudem von den 65 Quadratkilometern von Saposoa bei Weitem übertroffen. Über Jahrhunderte hinweg lagen die Mauern, Mausoleen, Wachtürme und Aquädukte im Gebiet des Huabayacu-Flusses im Dornröschenschlaf. Unzählige warten unter der dichten Urwaldvegetation begraben noch auf ihre Entdeckung. Doch damit nicht genug: Nahe der reizvollen Provinzhauptstadt Chachapoyas, die gleichzeitig das Tor zum Amazonastiefland ist, gibt es eine für Peru einzigartige Sehenswürdigkeit zu bestaunen: Die Steinsarkophage von Karajía sind nach allem, was bisherige Funde gezeigt haben, absolut untypisch. Die gemeißelten Gesichter scheinen bärtig zu sein und haben auffallend große Nasen mit exakt gearbeiteten Nasenlöchern. Ansonsten sind die behelmten Figuren nicht ausgearbeitet. Sie blicken unverwandt nach Osten, ins Licht der aufgehenden Sonne, die vielleicht ein neues Leben symbolisiert. Ihre unzugängliche Position in einer Steilwand legt den Gedanken nahe, dass die Mumien wichtige Persönlichkeiten waren. Generationen von Forschern werden noch mit der Enträtselung der Chachapoyas beschäftigt sein.

Kulturlandschaft Küste

An der langen Pazifikküste zeigt sich Peru von einer unerwartet sportlichen Seite: Zahlreiche Orte, in denen das ganze Jahr über ideale Bedingungen für Surfer herrschen, entpuppen sich als wahre Wassersportparadiese. Ihre spektakulären Wellen entstehen durch das Zusammentreffen des kalten Humboldtstroms und der El-Niño-Strömung. Chicama, das im Norden des Landes nahe Trujillo liegt, wirbt zum Beispiel mit der längsten Welle der Welt; in Punta Sur befindet sich die schnellste und in Pico Alto die zweitgrößte Welle der Welt. In Punta Rojas bereiten sich auch gerne die brasilianischen Profis für wichtige Wettkämpfe in Hawaii und Indonesien vor.

»La Catedral«: Diese Formation vor Perus Südküste erhielt ihren Namen wegen des riesigen kathedralengleichen Felsens, der der Brandung trotzt.

An 2000 Kilometern Küste finden Wellenreiter aus aller Herren Länder die »längste Welle der Welt«.

Wüste, nichts als Wüste: Die peruanische Küstenwüste ist eine der trockensten Gegenden der Erde, die streckenweise eher an die Sahara als an Südamerika denken lässt.

Das Grab des Moche-Herrschers Señor de Sipán kündet von den beeindruckenden Hochkulturen, die sich vor mehreren tausend Jahren in den fruchtbaren Flusstälern entwickelten.

An den Steilabbrüchen der Südküste
entfaltet sich die Schönheit
der Wüste in allen ihren Facetten.

Der Herr des Goldes: Sipán

Die Reliefs in den Huacas del Sol, de la Luna und El Brujo zählen zu den wichtigsten Entdeckungen der letzten Jahre.

Das kalte Wasser des Humboldtstroms sorgt für herausragenden Fischreichtum, der Menschen und Meeresvögel sowie Robben gleichermaßen ernährt. Nicht von ungefähr gründet sich einer der wichtigsten peruanischen Wirtschaftszweige auf den Fischfang.

Das Hinterland dagegen ist geprägt von einer der trockensten Wüsten der Erde. Lediglich im Schwemmland der Flüsse, die kostbares Nass von den Kordilleren zum Meer transportieren, gedeihen heute an rund 40 Orten Baumwolle, Oliven, Orangen, Weintrauben, Mais, Zuckerrohr und wasserintensive Pflanzungen wie Reis. Kein Wunder, dass nördlich und südlich der heutigen Hauptstadt Lima auch die Spuren vieler Hochkulturen zu finden sind. Als der deutschstämmige Kaufmann Heinrich Brüning 1917 als Erster die beiden beeindruckenden Adobepyramiden von Sipán an der Nordküste fotografierte, konnte er noch nicht erahnen, dass rund siebzig Jahre später neben einfachen Gräbern mit wenigen Beigaben die von Grabräubern noch nicht geplünderte Ruhestätte des Señor de Sipán entdeckt werden würde. Das Tal des Río Lambayeque in Nordperu barg eine wahre Sensation: Das Team von Dr. Walter Alva legte 1987 das am reichsten ausgestattete Herrschergrab der westlichen Hemisphäre frei, das einen wichtigen Schlüssel zum Verständnis der Moche-Kultur liefert.

Die heute im Museo Tumbas Reales in Lambayaque ausgestellten Fundstücke symbolisieren in ihrer Anordnung das Gleichgewicht der Kräfte in der dualistischen Weltanschauung der Mochica: Leben und Tod, Tag und Nacht, Sonne und Mond ergänzen sich jeweils. Der 30 bis 40 Jahre alte, 1,65 Meter große Herrscher selbst trug außerordentlich wertvollen Schmuck aus Nasen- und Kinnverzierung, Totenmaske, Ohrpflöcke, Brustpanzer, Hüft- und Beinschienen aus Gold sowie kupferne Sandalen. Daneben fanden die Forscher über 1000 Gefäße, zwei Opfermesser, ein 62 Zentimeter großes Diadem, eine Erdnusshalskette, deren fünf rechts liegende Nüsse die Sonne und deren fünf links liegende Nüsse den Westen repräsentieren, sowie prunkvolle Arbeiten aus Federn und Perlen. Lapislazuli von Chiles Küste zeugt von den regen Handelsbeziehungen der Kulturen. Neben dem Herrscher befanden sich in der Grabstätte noch der Grabwächter, drei junge Frauen, zwei Mochica-Krieger oder -Priester, zwei Lamas und ein Hund, die wohl allesamt bei der Grablegung geopfert wurden.

Doch damit nicht genug: 1988 fand Alvas Archäologenteam das noch ältere Grab des »Alten Herrschers von Sipán«, das unter anderem eine kleine Skulptur eines Heerführers aus Gold und Silber sowie zahlreiche Ornamente enthielt. Weitere Gräberfunde bezeugen den Reichtum und auch den Einfluss der Herren von Sipán im gesamten Moche-Gebiet zwischen Río Lambayeque und Casma. Zwischen 200 und 800 n. Chr. hinterließ diese Kultur der Nachwelt eine einzigartige Keramik mit detailgetreuer Darstellung von Mensch und Tier. Die charakteristischen rotbraun- und cremefarbenen Vasen, die Steigbügelgefäße – oft mit verblüffenden sexuellen Darstellungen – oder die realistischen Porträtkopfgefäße versetzen die neuzeitlichen Töpfer immer wieder in Erstaunen.

Pyramiden für die Gestirne

Unweit des Barockstädtchens Trujillo am Fuß des Cerro Blanco bauten die Mochica als Ausdruck ihres theokratischen Weltverständnisses die größten Pyramiden Südamerikas aus Millionen ungebrannter Lehmziegel. Die 20 Meter hohe Mondpyramide Huaca de la Luna zieren Reste kunstvoller Wandreliefs mit grimmigen Gesichtern. Diese weisen auf die Chavín-Kultur hin, in der ebenfalls das dämonische Gesicht mit den gebleckten Zähnen allgegenwärtig ist. Die Moche sahen in der Fratze Aia-Paec, Gott der Landwirtschaft und Verantwortlicher für Regen und Sonne. Vermutlich waren beide Pyramiden, die sich nach der dualen Weltsicht der Bewohner ergänzten, mit Gebäuden bestückt. Die sechsstufige, 41 Meter hohe Sonnenpyramide war wohl nicht der Sonne, sondern dem Regenbogen geweiht. Zwischen den beiden Pyramiden entdeckte der deutsche Archäologe Max Uhle im Jahr 1899 eine große Nekropolis. Dennoch sind die Zeremonialmonumente der Mochica keine Grabmale, sondern dienten der Huldigung mächtiger Götter. Gleichzeitig wurden sie auch als Observatorien und Machtzentren genutzt. Denn es scheint heute, dass die Priesterfürsten fast so bedeutend waren wie die Götter selbst. Zentrale Kulthandlung war die rituelle Opferung Gefangener. Die nördlich gelegene Tempelstätte El Brujo zeigt ein Wandbild mit einer ganzen Prozession von gefangenen Feinden, die von Henkern begleitet werden. Genützt hat den Moche der blutige

In Trujillo im Norden Perus erinnern alte Herrenhäuser an spanische Kolonialzeiten.

Kult wohl nicht. Die Forschung vermutet heute, dass das Klimaphänomen El Niño die Hochkultur zur Abwanderung zwang.

Gräber in Limas Süden

Über eine mehrspurige Autobahn kann der Stadtmüde die Metropole Richtung Süden verlassen und etwa zum bohèmehaften Badeort Chorillos gelangen. Auf Surfer warten einige interessante Strände wie Punta Rocas, La Herradura, Punta Hermosa und Cerro Azul. Die Halbinsel Paracas lädt zu einer Bootstour zu den wild zerklüfteten Islas Ballestas ein, um Seevögel, Humboldtpinguine und Seelöwen zu beobachten. Sogar Kondore aus der Höhe der Anden sollen manchmal an der Küste gesichtet werden, wenn sie Appetit auf die reichen Fischgründe haben. Daneben bietet die wüste Halbinsel mit ihren gigantischen Sanddünen – der Name Paracas bedeutet »Es regnet Sand« – noch eine ganz andere Attraktion: Während das 180 Meter hohe Scharrbild in Kerzenleuchterform, der so genannte *candelabro*, der als Wahrzeichen von Paracas gilt, nur eine epigonale Fälschung ist, sind die zahlreichen bis zu 5000 Jahre alten Schädelfunde vom Cabeza-Larga-Friedhof garantiert echt.

Außerdem nutzte die die Küste beherrschende Paracas-Hochkultur um 100 n. Chr. ältere unterirdische Wohnanlagen als Nekropolis für ihre in kunstvoll gewebte Leichentücher gewickelten Toten. So trocken und keimfrei ist die Wüste, dass die mehrere Quadratmeter großen Tücher noch heute wie eben erst fertiggestellt in bunten Farben leuchten. Für den Archäologen Julio C. Tello tat sich daher bei der Entdeckung 1923 eine schier unerschöpfliche Fundgrube auf, die durch systematische Grabungen zu einer wichtigen Erkenntnis führte: Der Paracas-Horizont ist das Paradebeispiel für den fließenden Übergang zwischen verschiedenen Kultu-

Malerisch strecken sich die Stege und Molen wie hier in Pacasmayo im Sonnenuntergang aufs stille Meer hinaus.

Die Küste ist berühmt für ihre Vielfalt: Naturreservate auf den Islas Ballestas, Wellenreiten und natürlich Fischerei.

ren: Am Anfang dominierten die aus Chavín bekannten Raubkatzengottheiten in ihren Variationen die religiösen Vorstellungen der Paracas-Bewohner, wohingegen sie später zunehmend durch den Schädel- und Trophäenkopfkult der Nazca-Kultur verdrängt wurden.

Peruanischer Wein

Das aufstrebende Hafenstädtchen Pisco direkt an der Panamericana kurz vor Paracas gab einem Getränk den Namen, das sowohl Peru als auch das rivalisierende Chile als Nationalgetränk ansehen: den aus Zucker, Limettensaft, Eis und Eiweiß sowie dem Weinbrand Pisco gemixten Cocktail Pisco sour, der gerne als Aperitif serviert wird. Der peruanische weiße Pisco leitet seinen Namen vom Quechua-Wort *pesqo* ab, das Vögelchen bedeutet. Ungeklärt ist, ob der Name sagen will, dass so manchem Trinker Flügel wachsen, oder er sich auf das fruchtbare Tal bezieht, in dem die Paracas-Kultur ihren Ursprung hatte. Auch wurden die Krüge, in denen Maisbier und andere alkoholische Getränke hergestellt wurden, ebenfalls Pisco genannt. Im 16. Jahrhundert taucht der Name erstmals in Anlehnung an den Ausfuhrhafen Pisco für Obstbrand auf, bevor die Pisco-Ausfuhr ihren Höhepunkt im 17. und 18. Jahrhundert erreichte.

Der Nationalschnaps ist ein aus frischem Traubenmost in Destillen hergestellter, nicht verschnittener Obstbrand. Der so gewonnene Pisco sollte klar bis leicht goldgelb sein und einen Alkoholgehalt von etwa 42 Prozent haben. Je nach Geschmack unterscheidet man verschiedene Pisco-Arten, zum Beispiel verschnittenen Pisco aus verschiedenen Traubensorten, und Pisco, der aus nicht vollständig vergorener Maische gewonnen wird. Der Schriftsteller Ricardo Palma empfiehlt ihn ausdrücklich als Trostspender.

Von Pisco ist es nur noch ein Katzensprung in das Kernland des peruanischen Weinbaugebiets rund um Ica, das von hohen Sanddünen flankiert wird. Bereits kurz nach der Eroberung des Inkareichs pflanzte Francisco de Carabantes die ersten von den Kanaren mitgebrachten Quebranta-Reben an. Um 1560 waren es schon 40 000 Hektar, so dass Peru bald Wein ins Mutterland exportieren konnte. Von Ica aus verbreitete sich die Rebenkultur ins heutige Chile und Argentinien. Beide Länder hatten im Gegensatz zu Peru Glück während der Reblausplage Ende des 19. Jahrhunderts. Erst seit 1960 werden daher in Peru wieder Trauben in nennenswertem Stil angebaut. Auf rund 11 000 Hektar gedeihen heute dank der warmen Winter zwei Ernten im Jahr, doch muss in der staubtrockenen Küstengegend bewässert werden. Neben dem Großteil der Produktion, der zu Pisco weiterverarbeitet wird, stellen Weingüter wie Viña Tacama ausgewählte Tropfen hoher Qualität her. Zum Wein mundet das regionale Eintopfgericht *carapulcra* aus Schweinefleisch, Huhn, Erdnüssen, getrockneten Kartoffeln und scharfen *ají*.

Um den Ursprung des Weinbrands Pisco streiten sich die Länder Chile und Peru. Im Traubenanbaugebiet um Ica wird das hochprozentige Nationalgetränk hergestellt. In traditionelleren kleinen Brennereien reift der Pisco nach wie vor in Amphoren (»Botijas«) und nicht in Fässern oder Tanks. Der Schriftsteller Ricardo Palma empfiehlt Pisco ausdrücklich als Trostspender.

Loch im Kopf

Vor der Weiterfahrt durch Dattelpalmenhaine und Baumwoll-, Bohnen- und Spargelfelder sollten Medizininteressierte unbedingt das Museo Regional María Reiche in Ica besuchen: Es führt in die hohe Kunst der Schädeltransformationen und Trepanationen ein, für die die *curanderos* von Nazca und Paracas berühmt waren. In Paracas wurde die in ganz Altamerika verbreitete Schädelformung bei Kleinkindern mittels Brettchen und Kissen sogar in drei Formen praktiziert: zylindrisch, konisch und an beiden Seiten abgeplattet. Die künstlich erzeugte Schädelform bewirkte nach modernen Erkenntnissen keine gesundheitlichen Schäden, könnte aber unter Umständen die Wahrnehmung beeinflusst haben. Neben ästhetischen Aspekten drückte eine bestimmte Schädelform wohl die Zugehörigkeit zu einer bestimmten Gruppe aus. Die operative Öffnung des Schädels hingegen könnte sowohl kultischen Zwecken wie der Dämonenaustreibung als auch medizinischen wie der Senkung des Hirndrucks oder Entfernung eines Tumors gedient haben. Gebohrt bzw. gesägt wurde das Loch im Kopf vom Dorfheiler – und das wohl sehr erfolgreich, denn die meisten Schädelfunde weisen verheilte Nähte auf, was bedeutet, dass der Patient nach dem Eingriff noch lange Jahre gelebt haben muss.

1001 Nacht in Peru

Wie eine Fata Morgana wirkt die nahe Ica gelegene Oase Huacachina zwischen blendend weißen Sanddünen. Was so stark an Arabien erinnert, ist jedoch urperuanisch. Die kleine Lagune inmitten von Johannisbrotbäumen, Eukalyptus und Dattelpalmen, die heute die Rückseite des 50-Soles-Scheines ziert, entstand nach einer alten Legende aus den Tränen einer Prinzessin, die untröstlich den Tod ihres Geliebten betrauerte. Sogar die Götter waren gerührt und sammelten ihre Tränen in der Wüste. Da die Trauernde wunderschöne grüne Augen hatte, ist dies auch die Farbe des wegen seines Schwefel- und Eisengehalts heilkräftigen Wassers. In Zeiten, in denen der Wasserstand wegen des sinkenden Grundwasserspiegels abnimmt, hat das in den 1940ern beliebte und sogar von Präsidenten besuchte Freizeitörtchen viel von seiner früheren Betriebsamkeit verloren. Junge Leute kommen aber gerne zum Sandboarding hierher – und lassen sich vom Wehklagen der Inkaprinzessin nicht verunsichern, das in Vollmondnächten auch heute noch in Huacachina zu hören sein soll. Eine kurze Fahrt führt von Huacachina oder Ica nach Nazca, dessen kilometerlange Linien und Scharrbilder im Boden jedem Perureisenden ein Begriff sind.

Nazca – die Götterwelt am Boden

Viel ist darüber geschrieben worden, oft mehr fantasievoll als seriös. Der heute als UNESCO-Kulturgut geführte, 10000 Linien und 500 Quadratkilometer umfassende Archäologiepark Nazca in der schier endlosen Flachwüste war schon 1550 dem spanischen Chronisten Cieza de León eine Bemerkung wert. Ufologen wie Erich von Däniken machten ihn im 20. Jahrhundert als »Landeanflugmarken für Außerirdische« bekannt.

Nach einer ersten Erwähnung in der Forschungsliteratur 1901 wurden die Linien 1925 zum ersten Mal aus der

Die berühmten Wüstenlinien von Nazca zeigen zum Großteil Motive aus der Natur, wie z.B. die Spinne.

Luft erkundet und zunächst als Inkastraßen und Bewässerungskanäle gedeutet. Doch diese Theorie verwarf der Bewässerungsspezialist Paul Kosok schnell. Daraufhin wurde das Bilderbuch im Wüstensand vor allem von der deutschen Forscherin Maria Reiche bis zu ihrem Tod 1999 rund 50 Jahre lang systematisch vermessen. Die technisch und künstlerisch begabten Nazca ritzten um 200 n. Chr. die über 100 geometrischen und rund 30 tier- und menschenähnlichen Gestalten oft nur daumentief und 20 Zentimeter breit in die regenlose Pampa. Erstaunlich gerade Linien von über 5 Kilometern Länge konnten sie so zeichnen, obwohl sie als Längenmaß offenbar flächendeckend die kurze Elle (33 Zentimeter) verwendeten. Dabei konnten sie das Ergebnis ihrer Mühen gar nicht direkt sehen. Die Bilder sind zwischen 25 und 200 Meter lang und daher nur aus der Luft zu erkennen. Nazca lebte vom Oasenfeldbau und pflegte daher einen ausgeprägten Wasser- und Mondkult. Pflanz- und Erntezyklen wurden nach den Gestirnen berechnet, die deshalb in der Weltsicht eine besondere Rolle spielten. Wie andere Hochkulturen auch fügten sie die Sterne zu Bildern, denen sie oft Tiere zuordneten. Daher ist es nahe liegend, die Scharrbilder als Abbild der Götterwelt am Boden oder als überdimensionale Sternkarte zu deuten. Der modernen Wissenschaft

Sandboarden in Huacachina: Eine äußerst schweißtreibende Angelegenheit, denn die Sportler müssen sich nach jeder Abfahrt in der Gluthitze der peruanischen Wüste wieder durch den lockeren Sand der 200 Meter hohen Dünen nach oben kämpfen.

gelang es zwar nicht, die Vermessungsergebnisse mit mathematischen Formeln zur Himmelsbeobachtung exakt in Einklang zu bringen, doch sprechen die Darstellungen selbst eine deutliche Sprache. Spiralen sind in vielen Kulturen als Wassersymbole präsent, und die überdimensionalen Genitalien von Affe, Fuchs oder Spinne deuten auf Fruchtbarkeit hin. Paul Kosok sprach daher vom »größten Astronomiebuch der Welt«. Damit ist das Rätsel aber noch lange nicht gelöst, zumal es kürzlich seine Fortsetzung fand: Wissenschaftler fanden nahe der Stadt Palpa nördlich von Nazca auf einer Fläche von 145 Quadratkilometern weitere 50 in den Boden geritzte Vögel, Affen, Katzen und andere Tiere. Man geht davon aus, dass diese vom Volk der Paracas stammen und somit zwischen 600 und 1200 Jahre älter als die Nazca-Linien sind.

Trophäenjäger

Daneben fasziniert die Nazca-Kultur durch einen makabren Trophäenkopfkult. Abgeschlagene und präparierte Köpfe stellen eines der zentralen Motive der in einem wahren Farbenrausch gehaltenen Keramik und auch häufige Grabbeigaben dar. Möglicherweise wurden die Köpfe, die alle in der Stirn ein Loch haben, so dass man sie an einer Schnur als Amulett am Gürtel tragen konnte, bei kriegerischen Auseinandersetzungen um Wasser in der trockenen Wüste erbeutet. Gegen diese Deutung als Aneignungszauber, die die Kraft des Getöteten auf den Trophäenkopfträger übergehen lässt, spricht jedoch die große Anzahl von Frauen- und Kinderköpfen, die eine rituelle Opferung nahe liegend erscheinen lassen. Ob so die wiederkehrende Fruchtbarkeit beschworen werden sollte?

Der Oase Huacachina in der Nähe von Nazca haftet noch ein wenig Glanz des ehemals mondänen Badeorts an.

Selva – Grün in allen Tönen

Vom Altiplano geht es über die vom Nordostpassat feucht und grün gehaltenen Hänge der Cordillera Oriental hinunter ins Tiefland Amazonien. Es ist das größte Flussgebiet unseres Planeten, und sein Hauptfluss Amazonas steht mit einer Länge von 6518 Kilometer dem Nil als längstem Fluss der Erde nur wenig nach. Zahlreiche Zuflüsse wie Río Marañon, Río Huallaga und Río Ucayali, die in den Anden entspringen, gestalten dieses einzigartige Waldgebiet mit einer Artenvielfalt der Superlative.

Das Dach des Urwalds: Auf den ersten Blick sieht der Betrachter den Wald vor lauter Bäumen nicht – die Biodiversität des Regenwaldes erschließt sich nur mit viel Geduld und genauer Beobachtung.

Die Schönheiten des peruanischen Amazonasgebietes liegen oft im Verborgenen. Zum Glück hilft der geschulte Blick des einheimischen Führers, sie zu entdecken.

Iquitos Stadtteil Belén liegt am gigantischen Amazonasstrom, und gilt als das Venedig des Urwalds. Im Gegensatz zum italienischen Vorbild kann Iquitos aber nur per Boot oder Flugzeug erreicht werden – keine Straße führt von außen hierher.

Das bunte Gefieder der Papageien und Aras – der »Edelsteine der Lüfte« – schimmert im frühen Morgenlicht, wenn ganze Schwärme zu den Lehmlecken, den Collpas, fliegen, um lebenswichtige Mineralien aufzunehmen.

Sonnenaufgang am Río Tambopata: ein magischer Moment zwischen Nacht und Tag, wenn die wärmenden Strahlen den Nebel durchdringen und die feuchte Kühle der Nacht verdrängen.

Natürlicher Reichtum

Auf einem Hektar kann man in Zentralamazonien bis zu 500 verschiedene Baumarten finden, während es andere tropische Wälder nur auf 100 bis 200 und unser europäischer Wald auf nicht einmal 20 bringt. Dazwischen leuchten Bromelien und Orchideen in allen Farben. Grund für diese Vielfalt ist unter anderem die extreme Nährstoffarmut der Böden, die die Pflanzen zu höchster Spezialisierung auf jede noch so kleine Nische antrieb.

Für das Tierreich gilt ähnliches: Rund ein Sechstel aller Vogelarten lebt in Amazonien, allen voran die vielen bunten Araarten. In den Fluten findet man die gefürchteten Piranhas, Kaimane, Flussdelfine, Seekühe, bis zu neun Meter lange Anakondas und den Paiche, den größten Süßwasserfisch der Erde. Tapire, Jaguare und zahlreiche Affenarten bevölkern die Ufer, der Mensch ist in dieser dünn besiedelten Gegend in der Minderheit.

Die Besucher nähern sich der fremden Urwaldwelt am liebsten in Iquitos im Norden oder im Manu-Nationalpark im Süden.

Erlebniswelt Manu-Nationalpark

In Nationalparks wie dem Manu-Biosphärenreservat in der südlichen Selva finden sich abseits der Zivilisa-

Eine weiße Wolkenwand reflektiert das warme Licht der Sonne am Río Tambopata.

Frösche, Schmetterlinge und Spinnen gehören zu den auffälligeren Lebewesen im Regenwald.

tion ausgezeichnete Möglichkeiten zur Tierbeobachtung und zum Staunen über die Natur. Manu im Departamento Madre de Dios erreicht man von Cuzco in einer längeren Reise über Land. Der Park verfügt über etwas mehr als die halbe Fläche der Schweiz und erstreckt sich über das Andenhochland (bis 4100 Meter) und den Bergnebelwald bis hin zum Amazonastiefland (300 Meter). Das UNESCO-Naturerbe der Menschheit ist sogar noch um rund 40 Prozent reicher an Vogelarten als das brasilianische Amazonien. Im Park wurden über 15 000 Pflanzenarten, über 1000 Vogelarten und 200 Säugetierarten bestimmt, darunter die vom Aussterben bedrohten Großen Ameisenbären, Ozelote, Wollaffen und Harpyien. Allein 13 Affenarten warten auf den Besucher, außerdem Schildkröten, Otter, Capybaras (Wasserschweine), Tapire und hin und wieder auch ein Jaguar. Der Rote Felsenhahn ist mit seinem Hämmern weithin zu hören, während der Ruf des Flechtenglöckner-Vogels an weit entfernte Kirchenglocken erinnert. Ein besonderes Erlebnis bedeutet nächtliches Spähen nach Tapiren in Maquisapayoj oder die Beobachtung von Aras an der Salzlecke in Blanquillo. Zu dem bunten Naturschauspiel schwirren jeden Morgen und Nachmittag die Papageien zu den Collpa genannten salz- und mineralhaltigen Lehmlecken, mit deren Hilfe sie toxische Stoffe aus unreifen Früchten ausscheiden können, bevor diese den Organismus der Vögel schädigen. Etliche Indianerstämme bedienen sich zum gleichen medizinischen Zweck ebenfalls der Tonerde.

Bei den Machiguenga

In den drei Zonen des Parks darf weder gejagt noch gefischt werden, und auch die Entnahme von Tropenholz oder anderen Rohstoffen ist streng verboten. Die Zona cultural ist öffentlich zugänglich und verfügt über touristische Infrastruktur, wohingegen der Zutritt in die Zona experimental streng reglementiert ist. Dort betreibt der Indianerstamm der Machiguenga eine Öko-Urwaldlodge, die in vielerlei Hinsicht ein Modellprojekt ist. Diese Indígena-Gruppe hatte sich nach einer von Brutalität geprägten Begegnung mit der so genannten Zivilisation während des Kautschukbooms erschreckt und zahlenmäßig stark dezimiert tief in den Urwald zurückgezogen. Mario Vargas Llosa setzte dem Urwaldvolk 1987 in »El hablador« mit der Beschreibung des titelgebenden Geschichtenerzählers als kollektives Gedächtnis einer vom Aussterben bedrohten, auf mündliche Traditionen gegründeten Kultur ein literarisches Denkmal. Gleichzeitig warf er die Frage nach einem möglichen Kontakt zwischen zwei völlig verschiedenen Kulturwelten auf. Die Machiguengas, traditionell Jäger und Sammler, die wenig Brandrodungsackerbau betreiben, beantworteten sie nach einigem Zögern für sich selbst mit einer begrenzten Teilnahme am touristischen Boom im Manu-Nationalpark.

Ganz am östlichen Rand der nur Wissenschaftlern zugänglichen, mit 1,5 Millionen Hektar größten Zona natu-

Harpyie, Affen und Vögel sind nur mit Wissen um Standorte und Verhalten der Tiere aus der Nähe zu studieren.

ral befindet sich übrigens die Stelle, an der C. F. Fitzcarrald sein Dampfschiff von Indianern vom Río Mihagua in den Río Manu ziehen ließ, was den Werner-Herzog-Film »Fitzcarraldo« inspirierte. Der umtriebige Unternehmer verschaffte sich so den beträchtlichen Vorteil, als Einziger auf dem Río Madre de Dios einen Flussdampfer für den Kautschuktransport zu besitzen.

Insel im Urwald: Iquitos

Bis zum Kautschukboom gegen Ende des 19. Jahrhunderts war Iquitos ein kaum erwähnenswertes Nest im grünen Nirgendwo. Schließlich sind es von dort aus immer noch über fünfeinhalbtausend Kilometer, bis sich der Strom in ein riesiges Delta in den Atlantik ergießt. Erst als der Rohgummi zu einem wichtigen Exportartikel wurde, um dessen Ausbeutung sich vor allem die Engländer bemühten, wurde aus der Siedlung am großen Strom eine mondäne Stadt. Die zu Reichtum gekommenen Kautschukbarone schmückten ihre Häuser in der Gummimetropole mit glasierten Fliesen aus Portugal und Kristallleuchtern aus England. Im Dschungel erklangen europäische Pianos, und die Oberschicht der »Perle des Amazonas« führte die neueste Mode aus Paris aus. Europäische Weine und Kaviar bereicherten den Tisch. Die heute noch zu besuchende Casa de Hierro aus verschraubten Eisenplatten und -trägern wurde sogar von Gustave Eiffel entworfen und mitten im Urwald von Baca Diaz und Anselmo de Aguila gebaut. Es gab eine eigene Dampferverbindung nach Nordamerika und nach Europa.

Die dunkle Seite des Gummigeschäfts

Für die Amazonasindianer dagegen war der Preis für den Luxus der anderen hoch. Professionelle Menschenhändler stachelten rivalisierende Gemeinschaften zu gegenseitigen Überfällen an und schafften die erbeuteten jungen Männer als Zwangsarbeiter auf weit entfernte Kautschukfelder. Mit hohem Lohnvorschuss und unredlichen Versprechungen angeworbene Hochlandindianer dienten für den Rest ihres Lebens auf Flussschiffen, die den Rohgummi über Brasilien zum Meer schafften. Proteste gegen die unmenschlichen Arbeitsbedingungen verhallten nutzlos, da sich die weit entfernte Amazonasregion der Kontrolle der Hauptstadt weitgehend entzog. Als die Nachfrage nach Naturgummi Anfang des 20. Jahrhunderts drastisch zurückging, versank das Tiefland bis zur beginnenden Erdölausbeutung in den 1960er-Jahren in Vergessenheit. Daran änderten auch schon fast verzweifelte Versuche nichts, sich neue Wirtschaftszweige zu erschließen, wie den Verkauf von Zootieren in alle Welt oder die Herstellung des von den Indígenas verwendeten Pflanzengifts Barbasco als Insektizid. Heute ist Iquitos Hauptstadt des Departamento Loreto und hat 350 000 Einwohner. Noch immer bestimmt der Amazonas das Leben der Stadt entscheidend, auch wenn er seit 1965 wegen einer Flusslaufänderung nicht mehr bis zur Uferpromenade geht, sondern östlich der der Stadt vorgelagerten Insel vorbeizieht. Frachtschiffe bis zu 300 Bruttoregistertonnen legen im Hafen noch an, nehmen Exportgüter auf und versorgen die Stadt mit Lebensmitteln. Der Rest – auch die immer wichtiger werdenden Touristen – wird per Flugzeug eingeflogen, da es immer noch keine Straßenverbindung gibt. Die bunte, ein wenig verschlafene Stadt in tropischer Schwüle hat heute die wendigen Mototaxis als Markenzeichen und serviert *paiche a la loretana*, ein Fischfilet mit Maniok und Gemüse sowie Eis mit tropischen Früchten als lokale Spezialitäten.

Knapp 42 Prozent der Bevölkerung lebten hier vom Staatshaushalt, da Iquitos Verwaltungshauptstadt einer Region ist, die größer als die alte Bundesrepublik ist. Auch die Universidad de la Amazonia Peruana ist ein wichtiger Arbeitgeber. Der sich nur langsam entwickelnde Öko-Tourismus gewinnt an Bedeutung, auch wenn dabei oft nur an den schnellen Dollar gedacht wird und weniger an den Schutz des für Ökotouren unerlässlichen Kapitals, des Regenwalds. Erstaunlicherweise legt mit der MS Bremen seit Kurzem wieder ein Kreuzfahrtschiff auf dem Weg nach Havanna in Iquitos an und knüpft so an den Glanz vergangener Tage an.

Die schwimmende Stadt

An der Mündung des Itayo in den Amazonas liegt Iquitos größte touristische Attraktion, die auch das »Venedig des Urwalds« genannt wird. Das schwimmende Viertel Belén, wo die Hälfte von Iquitos Einwohnern residiert, ist mit dem Mototaxi oder auch zu Fuß schnell erreicht. Hinter dem biblischen Namen – Belén heißt Bethlehem – verbargen sich ursprünglich die Slums von Iquitos, ein Auffanglager für Indígenas, die von den Menschenjägern des Kautschukbooms vertrieben oder angelockt vom Wohlstand der Stadt sich ein besseres Leben versprachen und in den Bretterbuden am Ucayali strandeten. Heute ist es um die Bewohner etwas besser bestellt. Viele der eher bescheidenen Holzhäuser schwimmen nach traditioneller Amazonas-Bauart auf Flößen oder balancieren auf Stelzen, um mit dem schwankenden Wasserstand des Flusses zurechtzukommen. Statt Gassen erwartet den Besucher in den wasserreichen Monaten ein Labyrinth aus Kanälen, die der Hauptumschlagplatz für exotische Früchte, Kräuter, medizinische Pflanzen, Fisch, Wasservögel oder Schildkröten sind. Belén ist ein einziger großer Markt, auf dem es so

In Iquitos Stadtviertel Belén spielt sich das ganze Leben auf dem Wasser ab.

Motorräder und vor allem Mototaxis bestimmen das Straßenbild in den Urwaldstädten.

gut wie alles zu kaufen gibt. Hier pulsiert das Leben, betäuben die Farben und Gerüche.

Zeichen menschlichen Wahns

Gegenüber dem Flusshafen Bellavista, eine kurze Motocarro-Fahrt auf Iquitos Marina vom Zentrum entfernt, rostet am Ufer des Río Nanay ein alter Flussdampfer vor sich hin, der gleich zweimal Geschichte schrieb: Auf der Narinho wurde im Jahr 1942 der kolumbianisch-peruanische Friedensvertrag unterzeichnet, bevor sie 35 Jahre später von der deutschen Filmindustrie entdeckt wurde. In Werner Herzogs Urwalddrama »Fitzcarraldo« gab sie die Molly Aida. Der visionäre Titelheld und Caruso-Liebhaber Brian Sweeney Fitzgerald, von den spanischsprechenden Peruanern Fitzcarraldo genannt – meisterhaft irre verkörpert von Klaus Kinski – ließ sie in seinem Bestreben, in dem Dschungelnest Iquitos ein Opernhaus zu errichten, von einem Fluss zum nächsten quer durch den Urwald transportieren. Ashanika-Indianer schleppten und zogen in tropischer Schwüle die 250 Tonnen Stahl Steigungen von 42 Grad hinauf, während Regisseur und Hauptdarsteller sich Duelle lieferten, die Herzog seinerseits wieder in »Mein liebster Feind« dokumentierte. Die abenteuerliche Entstehungsgeschichte des berauschend fotografierten, mehrmals fast gescheiterten Kunstwerks an sich ist schon einen Film wert – und der beste Beweis dafür, dass »nur Träumer Berge versetzen können«, wie Fitzcarraldo sagt.

In die grüne Hölle

Natürlich träumt fast jeder Reisende, der Iquitos besucht, von einer Begegnung mit dem authentischen Urwald und seinen Bewohnern. Nur 80 km von Iquitos entfernt fließen der Marañon und der Ucayala zusammen, um den Amazonas zu bilden. Doch darf man nicht vergessen, dass der große Strom einer der am meisten befahrenen Wasserwege der Erde ist und dass rund um die Siedlungen im großen Stil gerodet wurde, so dass die dort nachwachsende Vegetation nur sekundärer Wald, aber kein echter Regenwald ist. Wer also den Dschungel erleben und nicht nur einen der attraktiven Kurzausflüge zu den Lagunen Quistococha oder Moronacocha machen will, muss eine längere Tour per Boot einplanen. Ein besonderes Erlebnis ist eine Exkursion zu einem der Canopy Walkways, einer hängebrückenartigen Konstruktion von Baumwipfel zu Baumwipfel durch die verschiedenen Stockwerke des Regenwaldes. Die Eindrücke von der »Grünen Hölle« sind ungleich intensiver als vom Boden aus, besonders, wenn in den Morgen- und Abendstunden reger Vogelflug beobachtet werden kann.

Mit etwas Glück begegnet man auf einer mehrtägigen Dschungeltour auch einem Jaguar, häufig auch Puma genannt, der der indigenen Bevölkerung zwischen Mittelamerika und Argentinien seit alters her als Götterbote gilt. Die bis zu zwei Meter große und 110 Kilogramm schwere Großkatze mit dem rötlichgelben Fell mit den großen schwarzen Ringen – ganz schwarze Exemplare kommen seltener vor – ist ein überraschend guter Schwimmer und vor allem ein geschickter Kletterer. Neben der üblichen Jagdbeute, die aus Tapiren, Faultieren, Fischen, Affen oder Kaimanen besteht, kann er dank seiner Stärke auch ein erlegtes Rind oder Pferd wegschleifen. Der Jäger ist nacht- und dämmerungsaktiv und ein absoluter Einzelgänger, der nur zur Paarungszeit Gesellschaft sucht. Heute wegen seines herrlichen Fells vielerorts fast ausgerottet, wurde er in präkolumbianischer Zeit gleichzeitig geschätzt und gefürchtet. Der Raubtiergott ziert zahlreiche Keramikgefäße und Tempel, zum Beispiel der Chavín- oder Paracas-Kultur, aber auch der Tolteken-, Zapoteken- und Mayakulturen Mexikos, und gab der Inkastadt Cuzco ihre Form. Da er mit dem »Nabel der Welt« assoziiert wurde, ziert er auch als typisch inkaischer Zinn-Bronze-Kopf oftmals einen Amtsstab als königliches Emblem.

Von Geistern und Trophäen

Eine makabre Attraktion der Amazonasregion sind die Tsantas – Schrumpfköpfe aus dem peruanisch-ecuadorianischen Grenzgebiet. Die Shuar (auch Jívaro genannt), deren magische Vorstellungswelt Luis Sepúlveda in seinem Roman »Der Alte, der Liebesromane las« einfühlsam und eindrücklich beschreibt, fertigten sie an, um sich vor der Rache des getöteten Feindes zu schützen, das kosmische Gleichgewicht wiederherzustellen und die Energie des Getöteten in sich aufzunehmen. Für die Präparierung eines erbeuteten Schädels wird die Haut zuerst abgezogen, in Wasser gekocht und dann durch die Behandlung mit heißen Steinen in etwa auf Faustgröße geschrumpft. Der folgende Räuchergang schwärzt den Kopf, dessen ursprüngliche Gesichtszüge nachmodelliert werden.

Nach der etwa eine Woche beanspruchenden Herstellung muss ein rituelles Fest veranstaltet werden, um dem Schrumpfkopf Wirkung zu geben. Um zu verhindern, dass die Racheseele des Getöteten trotz der zugenähten Lippen den Weg nach draußen findet und Unheil stiftet, folgen in längeren Abständen noch zwei weitere Feste. Der Besitzer von Schrumpfköpfen kann sich des hohen Ansehens seiner Zeitgenossen und des Schutzes der Ahnen erfreuen. Heute ist die Menschenjagd gesetzlich verboten, daher wird das Ritual in abgewandelter Form mit Affenköpfen fortgeführt.

Wie in allen extremen Klimazonen prägt im Regenwald die Umwelt die Menschen.

Daten und Fakten

Zeittafel

vor ungefähr 20 000 Jahren
Ankunft der ersten Einwanderer, die vor rund 40 000 Jahren über die Beringstraße nach Amerika gekommen waren, im heutigen Peru.

vor ungefähr 7000 Jahren
Erste Zeichen von Ackerbau (Bohnen, Baumwolle, Kürbisse) und Haustierhaltung.

ab 3500 v. Chr.
Beginn des Maisanbaus, der den Aufstieg der ersten Hochkulturen ermöglicht.

1850–1200 v. Chr.
Entwicklung einer Maiskultur im Hochtal von Kotosh, erste Keramikgefäße mit Bügelhenkeln.

900–200 v. Chr.
Chavín-Kultur im Hochland von Nordperu (Cordillera Blanca).

400–0 v. Chr.
Paracas-Kultur bei Pisco.

100 v. Chr.–600 n. Chr.
Vicús-Kultur als Vorläufer der Moche-Kultur oder auch Bindeglied zur Chavín-Kultur.

0–600 n. Chr.
Moche-Kultur im nordöstlichen Küstengebiet bei Trujillo.

0–700 n. Chr.
Recuay-Kultur im Hochtal Callejón de Huaylas.

0–800 n. Chr.
Nazca-Kultur löst Paracas-Kultur ab.

200–800 n. Chr.
Blüte Tiwanakus am Titicacasee.

600–1100 n. Chr.
Wari-Kultur in Zentralperu.

800–1100 n. Chr.
Sicán-Kultur bei Batán Grande.

900–1470 n. Chr.
Chimú-Kultur an der Nordküste.

Die Mausoleen von Revash liegen in einer Felswand.

1000–1400 n. Chr.
Aufstieg der Chachapoyas.

ab 1200 n. Chr.
Aufstieg der Inkas im mittleren Andenraum.

ab 1440 n. Chr.
Cuzco wird zum »Nabel der Welt«; das Inkareich dehnt sich bei Ankunft der Spanier von Südkolumbien bis Nordchile aus.

1532
Eroberung des Inkareiches durch Francisco Pizarro mit nur 180 Soldaten; Hinrichtung des Inka Atahualpa; in den folgenden Jahrzehnten Dezimierung der ursprünglich rund 10 Millionen Ureinwohner auf 800 000 durch Kriege, Krankheiten und Frondienste.

1533
Gründung Limas als Ciudad de los Reyes durch die Spanier; rund 20 Jahre später folgt die Gründung der ersten Universität (San Marcos).

1536
Inka-Aufstand unter Manco Inca; Belagerung von Cuzco und Eroberung der Festung Saqsayhuamán.

1538–1541
Fortdauernde Zwistigkeiten zwischen den Eroberern führen zur Hinrichtung Diego de Almagros (1538) und zur Ermordung Francisco Pizarros (1541).

1543
Gründung des Vizekönigreichs Peru, das mit Ausnahme Venezuelas das ganze heutige spanischsprachige Südamerika umfasste.

1570
Einführung der Inquisition.

1572
Hinrichtung des letzten Inkas Tupac Amaru in Cuzco wegen eines angeblichen Aufstands.

16./17. Jahrhundert
Die Gold- und Silberminen im Vizekönigreich Peru begründen den Glanz im spanischen Reich, »in dem die Sonne nie untergeht« (Karl V.).

1742
Indianeraufstand im östlichen Tiefland.

1780
José Gabriel Condorcanqui, genannt Tupac Amaru II., scheitert mit seinem Indianeraufstand.

1817–1821
Unabhängigkeitsbewegung der kreolischen Eliten unter Simón Bolívar und José de San Martín; Einnahme Limas am 28.7.1821.

1824
Endgültiges Ende der Kolonialherrschaft nach den Schlachten von Junín und Ayacucho.

um 1850
Guano-Boom.

1860–1890
Anwerbung von rund 100 000 chinesischen Einwanderern zum Eisenbahnbau und als Ersatz für die durch die Sklavenbefreiung im Jahr 1854 verlorenen Arbeitskräfte.

1879–1881
Verlust von Arica und Iquique im Salpeterkrieg mit Chile.

1918/1919
Streikwelle, erste Gewerkschaftsgründungen.

1941/1942
Annexion riesiger Amazonasgebiete durch Peru im Grenzkonflikt mit Ecuador.

ab 1945
Zunehmende wirtschaftliche Abnabelung von den USA, schwieriger Demokratisierungsprozess; verstärkte Landflucht der campesinos.

1962
Militärs verhindern den Amtsantritt von Präsident Haya de la Torre.

1968
Militärputsch von Juan Velasco Alvarado; Versuch eines so genannten »Dritten Weges« zwischen Kapitalismus und Kommunismus; Enteignung des Großgrundbesitzes.

1975
Ablösung Velascos durch General Francisco Morales Bermúdez.

1977–1979
Mehrere Generalstreiks gegen wirtschaftliche Maßnahmen des Internationalen Währungsfonds.

1977/1978
Machtverzicht der Militärs nach gewalttätigem Generalstreik; verfassungsgebende Versammlung.

1980
Fernando Belaúnde erster demokratisch gewählter Präsident nach der Militärdiktatur; Gründung des Sendero Luminoso durch den Hochschulprofessor Abimael Guzmán; Javier Pérez de Cuéllar wird UN-Generalsekretär.

El Brujo im Norden Perus.

1982/1983
Wachsende Guerrilla-Bewegung Sendero Luminoso; Ausnahmezustand in Ayacucho; Militär geht gegen ländliche Bevölkerung insgesamt vor.

1985–1990
Präsidentschaft Alan Garcías; Bruch mit der internationalen Finanzwelt; vierstellige Inflationsrate; zunehmende soziale Spannungen, Kampf gegen die Drogenmafia und den Terrorismus, der sich auf den größten Teil des Landes einschließlich Limas ausdehnt; mehrere Generalstreiks;
Gründung der rechtskonservativen Partei Frente Democrático mit dem Präsidentschaftskandidaten Mario Vargas Llosa.

1990
Vargas Llosa verliert die Stichwahl gegen den Agrarwissenschaftler Alberto Fujimori von der Sammelpartei Cambio 90; Wirtschaftskrise durch Fujimoris Radikalkur.

1991/1992
Drohender Zusammenbruch Perus; spektakuläre Attentate des Sendero Luminoso.

1992
Fujigolpe: Außerkraftsetzung der Verfassung durch den Selbstputsch Fujimoris, Auflösung des Kongresses und des Obersten Gerichtshofs;
Verhaftung der Führungsspitze des Sendero Luminoso, unter anderem Abimael Guzmáns.

1993
Neue Verfassung zur Stärkung der Stellung des Präsidenten, Wiedereinführung der Todesstrafe.

1995
Wiederwahl Fujimoris, Grenzkonflikt mit Ecuador.

1996/1997
Geiseldrama in der japanischen Botschaft von Lima; blutiges Ende mit Erschießung der Kidnapper.

1997/1998
Massive Überschwemmungen hervorgerufen durch das Klimaphänomen El Niño;
über 20 000 Tote, Schadenshöhe 34 Milliarden Dollar.

1998
Friedensvertrag mit Ecuador.

2000
Aufhebung des 1984 verhängten Ausnahmezustands; dritter Wahlsieg Fujimoris trotz erheblicher Wahlbetrugsvorwürfe; Militärrevolte gegen Fujimori unter Ollanta Humala; Rücktritt und Flucht Fujimoris nach Japan nach der Korruptionsaffäre um den Geheimdienstchef und Präsidentenberater Vladimiro Montesinos.

2001
Nach vorgezogenen Neuwahlen Amtsantritt des ersten Präsidenten indigener Abstammung, des Mitte-Links-Kandidaten Alejandro Toledo; über 100 Tote bei heftigen Erdbeben in Südperu; Konstituierung der Kommission für Wahrheit und Versöhnung zur Aufklärung der Menschenrechtsverletzungen zwischen 1980 und 2000.

2002
Staatsbesuch George W. Bushs; Vereinbarungen über gemeinsamen Antidrogenkampf.

2003
Beatriz Merino wird als erste Frau Ministerpräsidentin.

2004
Es herrscht anhaltende Unzufriedenheit mit Toledos Amtsführung wegen fehlender Verbesserung der Lebensverhältnisse der ärmeren Schichten; Protestwellen.
Vorbereitung von Fujimoris erneuter Kandidatur bei den Wahlen 2006 von Japan aus.

2006
Wahlsieg des früheren Staatschefs und Mitte-Links-Kandidaten Alan García gegen den Reservisten und nationalistischen Linkspopulisten Ollanta Humala nach Stichwahl.

Reise Top-Ten

Faszination Geschichte

Natürlich ist Geschichte allgegenwärtig in Peru, doch mit Jakob Wassermanns dünnem Bändchen »Das Gold von Caxamalca« unter dem Arm geht der Besuch der Schicksalsstadt des letzten Inka Atahualpa in den nördlichen Alpen noch mehr unter die Haut. Das Cuarto de rescate (Lösegeldzimmer) veranschaulicht aufs Eindrucksvollste die Habgier der spanischen Eroberer, denen auch »das höchste Lösegeld der Geschichte« für die Freilassung des Sonnenherrschers, so Diamond, nicht genug war.

Wem bei so viel Makabrem der Appetit nicht vergangen ist, dem seien die verschiedenen Cuy-Spezialitäten (Meerschweinchen) in den Garküchen auf dem Markt empfohlen. Zum Ausruhen nach der Geschichtstour bietet sich Baños del Inca mit seinen 79 °C heißen, schwefelhaltigen Thermalquellen an. In das sieben Kilometer entfernte Bad führt ein Fahrradweg – eine Seltenheit in Peru!
www.reisefuehrer-cajamarca.de

Einsamkeit zwischen Ruinen

Wem Machu Picchu zu laut und überlaufen ist, dem sei Kuélap empfohlen. Die Spanier kannten die gewaltige Festungsanlage mit ihrem »peruanischen Turm zu Babel« – so der Entdecker Crisóstomo Nieto – auf 3000 Metern Höhe im Land der Chachapoyas nicht. Seit der Wiederentdeckung 1843 finden nur wenige Nichtperuaner im Jahr den Weg in das von einer elliptischen Granitmauer umgebene Areal mit seinen mehreren hundert Gebäuden, das die hellhäutigen Wolkenkrieger bis zum 12. Jahrhundert errichteten. Die Durchlässe sind so schmal, dass Menschen nur einzeln hindurchpassen – die ideale Verteidigungsstrategie. Die fantastische Sicht vom nördlichen Aussichtsturm über das Utcubamba-Tal lädt zum Nachsinnen über die geheimnisvollen Erbauer ein.
Als Alternative zur üblichen Gruppenexkursion nach Kuélap von Chachapoyas aus bietet sich ein mehrstündiger Ritt ab Tingo über einsame Pfade an.

Im Zickzack durchs Urubamba-Tal

Perus schönste Zugfahrt führt von Cuzco bis zum Kilometer 112, der Talstation von Machu Picchu. Wegen der vielen Sprengungen und Tunnelbaus dauerte der Bau der Schmalspurbahn im 19. Jahrhundert ganze 35 Jahre. Heute genießt der Reisende die Blicke auf die roten Dächer von Cuzco, während der Zug die Zickzackstrecke hinaufschnauft, bewundert perfekt bewässerte Inkaterrassen in Páchar und schaukelt durch das Grün des semitropischen Bergwalds im oberen Urubamba-Tal. Man hat die Qual der Wahl zwischen einfachen, auf Gepäck eingerichteten Backpackerzügen, Panoramatriebwagen und dem reservierungspflichtigen Luxusliner Hiram Bingham.
www.perurail.com

Spirituelles Erleben Qoyllur Rit'i

Die Schneesternwallfahrt während des Juni-Vollmonds ist eine einmalige spirituelle Erfahrung, die Elemente andiner Religionen mit christlicher Tradition verbindet. Ausgehend von Sinakara steigen beim Qoyllur Rit'i bis zu 40 000 Pilger in Festtagskleidung verschiedenster indigener Gemeinschaften unter ständigem Musizieren in mehreren Tagen zum heiligen Vulkan Ausangate auf, wo sie gleichzeitig dem Jesuskind und dem im ewigen Eis verborgenen Schneestern (Qoyllur Rit'i) huldigen. Auf dem Rückweg bringen sie Eis vom heiligen Berg mit nach Hause, um die Felder damit zu wässern. Da sich mittlerweile Cuzcos Mittelschicht und Touristen sich an dem eigentlich bäuerlichen Fest beteiligen, entsteht entlang des Pilgerwegs langsam eine entsprechende Infrastruktur.

Kulturraum Titicacasee

Das blaue Binnenmeer auf dem Altiplano mit seinem angenehmen Klima begünstigte seit jeher die kulturelle Entwicklung. In nur wenigen Tagen eröffnet sich daher dem Reisenden ein intensiver Einblick in verschiedene Lebensstile: die Nachfahren der Uros, die traditionell auf künstlichen Schilfinseln im See

Weißes Sillargestein dominiert die kolonialen Bauwerke.

Die Stadt Puno liegt am Ufer des Titicacasees.

leben, die strickenden Männer von Taquile, die bunte Folklore Punos, die altehrwürdigen Grabtürme von Sillustani. Besonders in Kombination mit einem Ausflug ins benachbarte Bolivien erschließt sich so der ganze kulturelle Reichtum des Titicacasees.

Abstecher nach Bolivien

Erst ein Abstecher zur Isla del Sol (Sonneninsel), die als Keimzelle des Inka-Reiches gilt, macht den Besuch des Titicacasees vollständig. Von Puno aus gelangt man in gut zwei Stunden ins bolivianische Copacabana. Vom Bootsanleger im Schatten der wundertätigen Schwarzen Madonna fahren regelmäßig öffentliche Passagierboote zur 20 km entfernten Insel. Außerdem können Tages- und Zweitagestouren (letztere schließen meist die Mondinsel mit ein) bei diversen Veranstaltern gebucht werden. Die mythische Geburtsstätte des Schöpfers Wiracocha wartet mit zahlreichen Ruinen aus der Tiwanaku-Zeit und atemberaubenden Blicken über den See hinüber zu den Sechstausendern auf. Das UNESCO-Weltkulturerbe Tiwanaku selbst ist ebenfalls schnell von der peruanischen Grenze über Desaguadero zu erreichen. Die Tempelstadt mit den mehrere Meter hohen Säulenmonolithen und dem berühmten Sonnentor aus dem 1.-10. Jahrhundert gilt als Wiege der andinen Kultur. Besonders lohnend ist ein Besuch zur Sonnwendfeier am 21. Juni, wenn Tausende mit Musik und Tanz den ersten Sonnenstrahl begrüßen.

Das andere Peru: Hotel de Niños in Cuzco

Das beste Zwei-Sterne-Hotel Perus ist in zwei liebevoll renovierten kolonialen Herrenhäusern mit sonnigen Patios untergebracht und besticht durch sein ungewöhnliches Konzept: Die holländischen Betreiber Jolanda van den Berg und Titus Bovenberg nehmen Straßenkinder auf, versorgen sie mit einer warmen Mahlzeit, einem Zuhause und der Möglichkeit zum kontinuierlichen Schulbesuch und binden sie in das Hotelgeschehen mit ein. Idylle mit sozialem Tiefgang. www.ninoshotel.com

Die peruanische Schweiz

Suiza peruana wird der Nationalpark Huascarán in der Bergprovinz Ancash gerne genannt. Das Tal zwischen Cordillera Blanca und der niedrigeren Cordillera Negra bietet unzählige Touren zu Perus Sechstausendern, unter ihnen der Huascarán als der höchste Berg des Landes, und landschaftlich schöne Wanderungen wie die von Olleros nach Chavín oder von Llanganuco nach Santa Cruz. Von Huaraz im Tal des Río Santa, Callejón de Huaylas genannt, aus kann man besonders gut Touren in der Hochgebirgsregion unternehmen. Von April bis Oktober herrscht meist beständiges Wetter.

Fürstengräber und Lehmtempel

Das schmucke koloniale Trujillo an der Nordküste ist der ideale Ausgangspunkt, um die weltbekannten Fürstengräber von Sipán und Sicán zu besichtigen. Die überaus reichen Grabbeigaben der Moche-Priesterfürsten sind im neuen Museum von Lambayeque ausgestellt. Direkt bei Trujillo befinden sich die höchsten Lehmpyramiden Südamerikas, die die Mochica aus Millionen von Lehmziegeln errichteten, die Huaca del Sol und die Huaca de la Luna. Zwischen Panamericana und Küste eingezwängt liegt außerdem Chan Chan, die alte Hauptstadt des mächtigen Chimú-Reichs.

Bildungsurlaub auf Peruanisch

Die Bundesländer Hessen, Hamburg, Berlin und Niedersachsen erkennen auch Intensiv-Sprachkurse mit 30 Wochenstunden der Sprachschule Acupari als Bildungsurlaub an. Wie wäre es daher einmal mit einem Sprachaufenthalt am »Nabel der Welt«? Neben Spanisch lehrt die vom Außenministerium empfohlene Institution auch Quechua. Kenntnisse in der Sprache der Inka verschaffen einen tieferen Einblick in ihre Gedankenwelt – und das Einkaufen auf dem Markt macht auf Quechua noch viel mehr Spaß!

ACUPARI Language School
San Agustin 307 – Cuzco – Peru
Tel. +51/84/24 29 70
Fax +51/84/23 54 59
www.acupari.de
Kontakt in Deutschland
Frau Anita Djafari
Marienbader Str. 1c
61273 Wehrheim
Tel. 0 60 81/5 79 22
Handy 01 60/1 83 87 05
E-Mail: info@acupari.com

Auf dem Weg vom Hochland in den Regenwald.

Der »Candelabro« auf der Paracas-Halbinsel.

Arts & Events

Januar

Das Festival de la Marinera in Perus drittgrößter Stadt Trujillo ist ein sehenswertes, farbiges Tanzspektakel. Der Wettbewerb zu Perus Nationaltanz *marinera* im 6/8-Takt mit dem charakteristischen weißen Taschentuch wird in mehreren Kategorien ausgefochten.
Die Tänzer tragen die typische Reitkleidung mit Poncho und Sombrero, die Tänzerinnen festliche regionale Trachten.

Februar/März

Karneval mit Umzügen, Musik und Spektakel im ganzen Land. Besonders empfehlenswert sind Cajamarca, Puno, Ayacucho und Huarás.
Cajamarca zum Beispiel krönt seine Karnevalsprinzessin acht Wochen vor Karnevalsdienstag und trägt am Samstag den Rey Momo, den Gott des verrückten Spaßes durch die Straßen. Umzüge treiben am Sonntag und Montag die Stimmung in die Höhe.
Schluss- und Höhepunkt bildet am Dienstag die Unsha, ein Paartanz um einen geschmückten Baum, der von den Tanzenden mit der Axt gefällt wird, bevor am Aschermittwoch der Karneval begraben wird.

April/Mai

Beim Concurso Nacional del Caballo Peruano de Paso in Mamacona, circa 30 km südlich von Lima, dreht sich alles ums Pferd: Am Fuße des präinkaischen Orakels von Pachacámac werden die schönsten Reittiere vorgeführt, deren Spezialität der Passgang ist.

Mai

Anfang Mai findet in der Wüste rund um Arequipa eine Wallfahrt zur Jungfrau von Chapi statt. Die Pilger bringen Steine unterschiedlicher Größe herbei, die sie kurz vor Chapi als Mahnmale für begangene Sünden aufschichten. Nachts finden bei Kerzenschein eine Prozession mit dem Gnadenbild und ein Feuerwerk statt. Probieren Sie unbedingt die lokalen Spezialitäten.

Juni

Der Juni wartet mit zwei der wichtigsten Feste Perus auf: Zu Monatsbeginn findet am Ausangate die Qoyllur Rit'i-Pilgerreise statt, am 24. Juni begeht Cuzco das Inti-Raymi-Fest. Laienschauspieler stellen unter großem und farbenfrohen Fahnen- und Kostümaufgebot die Opferung zweier Lamas zur Ehre der Sonne nach.

Juli

Am 15. und 16. Juli feiert der Andenort Paucartambo (150 km von Cuzco) das Fest der Virgen del Carmen oder Mamacha Carmen, der Patronin der Mestizen. Ein farbenfroher Umzug des Gnadenbildes wird von Musik und Gesängen auf Quechua begleitet. Komparsen stellen Schlüsselelemente der peruanischen Geschichte dar. Die Jungfrau segnet die Anwesenden und vertreibt die Dämonen, die auf den Dächern herumturnen.

August

Pago a la tierra, eine Art Erntedankfest, steht in der andinen Tradition des gegenseitigen Gebens und Nehmens. Der Erdmutter Pachamama werden von den Bauern Opfer, so genannte despachos oder pagos, gebracht. Sie enthalten meist Kokablätter, unbearbeitetes Silber, das Maisgetränk Chicha und magische Samen. Die Blätter des heiligen Kokastrauchs stellen dabei die Verbindung zwischen der Welt der Berggottheiten – der Apus – und der Pachamama und der menschlichen Existenz her.

September

Ganz Trujillo feiert im September das Frühlingsfest. Geladen sind alle Schönheitsköniginnen des In- und Auslandes, um der Frühlingskönigin beim großen Umzug ein würdiges Geleit zu geben.

Oktober

In der zweiten Oktoberhälfte feiert Lima seinen Señor de los Milagros: das wundertätige Gnadenbild des dunkelhäutigen Christus wurde nach einer Legende während der Kolonialherrschaft von einem schwarzen Sklaven auf eine brüchige Hauswand gemalt und überstand Naturgewalten sowie alle Versuche, es zu vernichten. In einer der größten Prozessionen Südamerikas wird es von den Gläubigen durch die Straßen der Hauptstadt getragen. Gleichzeitig finden Stierkämpfe mit berühmten Toreros aus Spanien und dem Inland statt.

November

In Cajamarca und den Dörfern Porcón und Huambocancha strömen – ähnlich wie in Mexiko – die Dorfbewohner zu Allerheiligen und Allerseelen (1./2.11.) zu den Friedhöfen, um die Gräber zu säubern und mit Blumen zu schmücken. Dann laden sie die Verstorbenen zu einem Festmahl auf dem Friedhof ein. Dabei vermischen sich christliche und prähispanische Traditionen.
In La Arena (Piura) putzen sich die Bewohner mit ihrer besten Kleidung heraus, bevor sie mit ihren Kindern zum Marktplatz kommen. Dort beschenken die Familien, die im vergangenen Jahr ein Kind verloren haben, das Kind einer anderen Familie, das ihrem ähnlich sieht, mit Süßigkeiten, so genannten «angelitos«. Nachts versammeln sich die Familien auf dem mit Kerzen hell erleuchteten Friedhof.

Ochsen auf dem Dach sollen Glück bringen.

Wissenswertes

Camino Real – Der königliche Weg der Inka

In Cuzco laufen alle Wege des Inka-Reiches zusammen. Das weit verzweigte Wegenetz dieses Volkes ist wohl bis heute das interessanteste Straßennetz des amerikanischen Kontinents und dem der Römerstraßen in Europa vergleichbar. Die vier Hauptwege des ausgedehnten Wegenetzes der Inka waren zum einen der Weg von Cuzco nach Quito in Ecuador und von dort weiter ins kolumbianische Pasto. Ein zweiter Hauptweg führte von Cuzco nach Nazca im Zentrum Perus und an die ecuadorianische Grenze nach Tumbes. Der dritte Hauptweg verband Cuzco mit Chuquiabo in Bolivien und ein vierter schließlich mit Arica und Atacama in Nordchile. Von letzterem gab es Abzweigungen an den ebenfalls in Chile befindlichen Rio Maule und ins argentinische Tucumán. Der unter Touristen beliebteste Wegabschnitt ist der so genannte »Inka-Trail«, der von Cuzco, dem »Nabel« der Inkawelt, bis in die 40 Kilometer entfernt liegende heilige Stadt Machu Picchu führt. Nicht wenige Experten halten das Straßennetz dieses Volkes für das größte archäologische Denkmal Amerikas. Der Quapag Ñan oder »Camino Real«, der königliche Weg, verläuft auf 5200 Kilometern Länge von Quito in Ecuador über Cuzco nach Tucumán in Argentinien. Er passiert die herrlichen Gebirgslandschaften der Anden und überwindet Pässe auf 5000 Metern Höhe. Er zieht sich an schroffen Felswänden entlang, an terrassenartig angelegten Feldern,

Die Kirche Santo Domingo in Trujillo.

windet sich auf schmalen Pfaden an schwindelerregenden Schluchten und klettert hinauf auf die eisigen Anhöhen. Hängebrücken führen über Schluchten, Tunnel und steile Treppen überwinden schwieriges Terrain. Dabei handelt es sich um ein Werk höchster Ingenieurskunst, so stabil gebaut, dass viele der gut befestigten Wege noch heute genutzt werden können. Pizarros Bruder Hernando schrieb verwundert nach Hause, dass man »solch wunderbare Straßen durch raues Gelände nirgendwo in christlichen Landen sehen kann« – gebaut von einem Volk, das das Rad nur zu spielerischen Zwecken kannte und seine Waren auf dem Rücken von Menschen und Lamas beförderte.
Vom Königlichen Weg aus verliefen mehrere Abzweigungen an die Küsten und verbanden ihn so mit dem so genannten »Camino de la Costa«, dem Küstenweg. Durch diese Wege und ein effizientes Netz schneller Boten, der Chasquis, wurde es möglich, dass der Inka in Cuzco frischen Fisch essen konnte, der in weniger als 24 Stunden von der 200 km entfernten Küste kam. Der Küstenweg selbst verlief über eine Länge von 4000 km. Immer wieder gab es nach kurzen Wegabschnitten eine Art Karawansereien, wo sich insbesondere das Heer der Inka auf seinen Eroberungszügen mit Lebensmitteln versorgte und die Reisenden Unterkunft sowie Wegzehrung fanden. Die Kommunikation zwischen den verschiedenen Orten des Reiches funktionierte mit Hilfe von Streckenposten und Boten oder Läufern. Auf diese Weise erreichte eine Nachricht, die in Quito losgeschickt wurde, in weniger als 10 Tagen ihren königlichen Empfänger im 2000 km entfernt liegenden Cuzco. Heute gibt es Bestrebungen, den Camino Real als UNESCO-Kulturerbe unter Schutz zu stellen.

Quipus – Schreiben auf Inkaisch

Die Söhne der Sonne kannten keine Schrift im europäischen Sinn. Ihre Überlieferungen beruhten auf einer sehr starken mündlichen Tradition mit zirkulären Erzählstrukturen, die sich bei heutigen Quechuasprechern noch oft wiederfinden. Als Hilfsmittel zur Aufzeichnung besonders wichtiger Berichte wie z.B. die über die verschiedenen Inkaherrscher, dienten Quipus, Knotenschnüre, die nach einem komplizierten System, das nur die eingeweihten Quipucamayocs kannten, halfen, die Information festzuhalten.

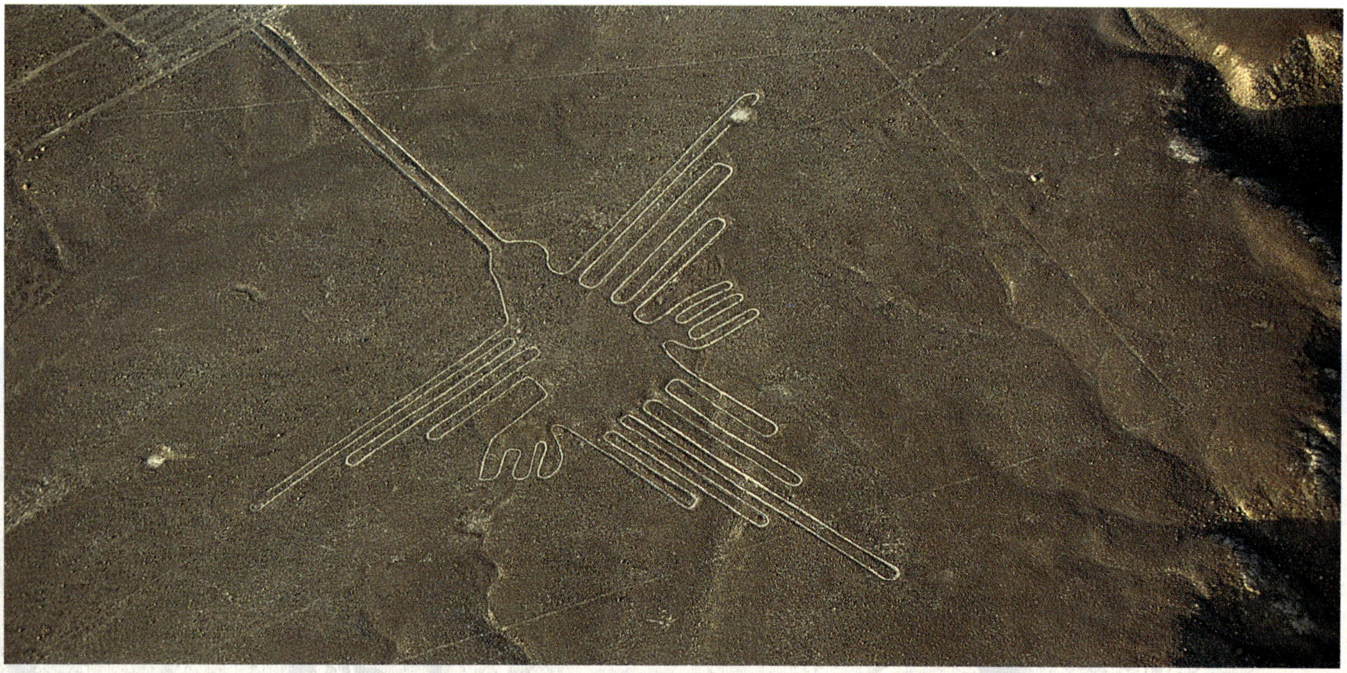

Der Kolibri gilt als eine der spektakulärsten Figuren, die die Nazca-Kultur im Wüstensand hinterlassen hat.

Einfacher zu entschlüsseln sind die Quipus, die für buchhalterische Zwecke verwendet wurden, z.B. für den Zensus, Statistiken oder Steuerabgaben. In diesem Fall geben die von der Hauptschnur herabhängenden verschiedenfarbigen Schnüre anhand der Position und der Art des Knotens Aufschluss über die Menge des erfassten Gutes. Mit dem mathematischen System der Quipus verwalteten die Inkas ihr gigantisches Reich in allen Einzelheiten.
Dennoch kannten die Inkas ein Wort für Schrift: *quillca*. Damit bezeichneten sie aber *tocapus*, Bildzeichen, für die sie sogar ein eigenes Bildarchiv, das Pugincancha in Cuzco hatten, das nur der Inka und speziell ausgebildete Würdenträger betreten durften. Die Zeichen in quadratischen Feldern, die auf den ersten Blick wie zufällig entworfene Ornamente wirken, schmückten neben Keramik vor allem die Kleidung und könnten daher eine Art Rangabzeichen oder Familienausweis gewesen sein.

Chronisten

Erst nach der Eroberung wurden schriftliche Zeugnisse über und auch von den Inkas angefertigt. Die Spanier selbst hielten ihre Beobachtungen in zahlreichen Berichten fest, die jedoch mit einer gewissen Vorsicht zu beurteilen sind, da ihr Zugang zu der ihnen sehr fremden Welt sehr begrenzt blieb. Hier haben z.B. viele Irrtümer über die Glaubensvorstellungen der Inkas ihren Ursprung. Pizarros Sekretär Francisco de Jerez fertigte den offiziellen Expeditionsbericht an. Chronisten wie der Sevillaner Pedro Cieza de León sammelten zwar beachtliches Wissen, verfassten jedoch spanische Texte über auf Quechua Gehörtes (und vielleicht nicht wirklich Verstandenes) und machten keine Quellenangaben. Dennoch gibt Ciezas »Crónica del Perú« (1550) wichtigen Aufschluss über die Herrscherfolge bei den Inkas. Juan de Betanzos schließlich konnte sich für seine nur teilweise erhaltene »Suma y Narración de los Incas« 1551 auf enge Kontakte zur Inkafamilie stützen, da er die Schwester Atahualpas geehelicht hatte. Die Geschichte des Inkareichs von Pedro Sarmiento de Gamboa benutzt ähnliche Quellen wie Betanzos, vielleicht sogar diesen selbst, und Daten aus der Kolonialverwaltung. Unmittelbar nach der Eroberung entstand nur ein schriftliches Zeugnis von einem Angehörigen der Inka-Elite: Titu Cusi Yupanqui, Sohn von Manco Inca, diktierte 1570 in der Cordillera Vilcabamba einen Beschwerdebrief an den spanischen König, der die Sicht der Inkas auf die Eroberung wiedergibt. Er sprach Quechua, das ein Mestize aufzeichnete und ein Augustinermönch ins Spanische übertrug. Dagegen schrieb der Mestize Inca Garcilaso de la Vega, Sohn einer Inka-Prinzessin und eines spanischen Generals, seine zweibändige Chronik auf der Basis der mütterlichen Erzählungen und der Berichte des inkaischen Jesuitenzöglings Blas Valera selbst. Das in Spanien verfasste Werk »Comentarios Reales« (1609) gilt heute als erstes historisches und kulturelles Gesamtwerk über die Inkas. Der Indígena Felipe Guamán Poma de Ayala schrieb über 30 Jahre lang an seiner 1000 Seiten langen, reich bebilderten »Nueva Corónica y buen gobierno«, die die Form eines überlangen Briefs an den spanischen König hat, in dem er seine Enttäuschung über das koloniale Rechtssystem ausdrückt.

Musik der Anden

Peruanische Musikgruppen, die manchmal »El Condor pasa« mehr schlecht als recht auf Panflöten spielen, sind aus Deutschlands Fußgängerzonen kaum noch wegzudenken. Auch bei Perureisenden sind

die melancholischen Töne der Andenflöte sehr beliebt, die auf dem präspanischen Fünfton-System basieren. Verschiedene Flöten gehören zu den ältesten Instrumenten der Anden. Die Panflöte, auf spanisch *zampoña*, besteht aus ein- oder doppelreihig angeordneten, unten geschlossenen Schilfrohrpfeifen verschiedenen Durchmessers und unterschiedlicher Länge, über die der Spieler hinweghuscht. Typisch sind auch die *quena*, eine hölzerne (ursprünglich beinerne) Kerbflöte mit eingeschnittener Anblaskerbe, oder die *pinkillo* aus Rohr, die hohe, schrille Töne erzeugt. Die *tarka*, ebenfalls eine Längsflöte aus Holz, kann zwei Töne gleichzeitig spielen und wird gerne beim ausgelassenen Karneval verwendet. Für die Oboe, *chirisuya*, wurde sogar eine eigene Spieltechnik entwickelt. *Pututu* bezeichnet ein Blasinstrument aus einem Kuhhorn. Das Schneckenhorn wurde im Hochland traditionell für Regenzeremonien verwendet. Nicht wegzudenken aus der andinen Musik sind die *bombos*, tiefe Basstrommeln, die mit Lama- oder Ziegenhaut bespannt sind, und die *tinyas*, kleine zweimembranige Trommeln. Die Saiteninstrumente sind hingegen ein Mitbringsel der Spanier. Da Indígenas aber ursprünglich die Gitarren nicht spielen durften, improvisierten sie welche aus dem Panzer des Gürteltiers: der *charango* war geboren. Wichtig ist auch die 36-seitige Andenharfe, *arpa llanera*, die fünf Oktaven der diatonischen Tonleiter umfasst. Die Rassel, *chil-chil* genannt, begleitet oft Gitarren- oder Harfenmusik. Afroperuanische Musik setzt außerdem gerne die *quijada*, ein Schlaginstrument aus dem Unterkiefer eines Pferdes, oder die kistenförmige Trommel *cajón* ein.
Musik und Tanz gehören zu allen ausgelassenen Festen, seien sie kirchlich oder weltlich. Nationaltanz Perus ist die *marinera*, ein Paartanz im 6/8-Takt ohne Körperkontakt. Ebenfalls beliebt ist der *vals*, der auf den Wiener Walzer zurückgeht. Afroperuaner pflegen den von Trommeln begleiteten *festejo*. Im Hochland ist seit präinkaischer Zeit der *huayno* verbreitet, der zu festlichen Anlässen paarweise getanzt wird. Vom Fußstampfen der Tänzer lebt der *huaylarsh*, der meist zur Saatzeit auf dem Altiplano zum Einsatz kommt. Der ebenfalls lebhafte *bailecito* wird vom Klatschen der Umstehenden begleitet. Aus alter Tradition wird auch noch der melancholische *yaraví* als Liedform gepflegt, der Trauer und Schmerz ausdrückt – dazu gehört auch »El Cóndor pasa«. Perus Jugend dagegen tobt sich in den Diskotheken aus.

Schamanismus

Was heute von vielen Esoterikern ohne entsprechende kulturelle Verwurzelung auf dem »Magischen Jahrmarkt des Esoterikbooms« als leere Formel eingekauft wird, gehört eigentlich seit dem Jungpaläolithikum zu den Säulen der menschlichen Gemeinschaft und ist noch fest in der Glaubenswelt vieler indigener Peruaner verwurzelt: Schamanismus. Wohl aus einer Jagdmagie entstanden, entwickelte die Menschheit feste Rituale zur Kontaktaufnahme mit dem Göttlichen, die die Zeit der Naturvölker überdauert haben. Der Schamane wird durch einen langen Initiationsprozess vertraut gemacht mit den Kommunikationsmöglichkeiten mit dem Überirdischen und nimmt selbst eine Zwischenstellung zwischen dem Diesseitigen und dem Jenseitigen ein. Weiser, Kräuterheiler, Arzt und Psychologe, spiritistisches Medium und Magier in einem, dient er als Seelenreisender seiner Gemeinschaft als geistige Brücke zur anderen Welt. Die Seelenreise wird meist unterstützt durch die Einnahme von Stimulantien, rituellen Kostümen, Tänzen und monotonen Trommeln und Gesängen. Zur Stimulierung dienen je nach Region Koka, der halluzinogene San-Pedro-Kaktus, Stechapfel oder die Ayahuasca-Liane. In Trance verlässt die von den Indígenas als Lichtgestalt gedachte Freiseele den Körper und begibt sich in die Welt der Geister, um diese um Hilfe zu bitten, zu besänftigen oder um Rat zu fragen.

Spiegel von Macht und Reichtum: Herrschaftliche Bauten von Konquistadoren und Inkas.

Peru von A bis Z

Anreise

Preislich interessant sind v.a. die Iberia-Flüge ab Frankfurt, München, Berlin, Hamburg oder Düsseldorf über Madrid nach Lima, aber auch LanChile-Verbindungen über Santiago oder Avianca-Flüge über Bogotá sowie KLM-Flüge über Amsterdam. Lufthansa und AirFrance fliegen nur noch bis Caracas, von dort geht es z.B. mit Tacsa nach Lima. Verbindungen über die USA, z.B. mit American Airlines oder Delta, sind wegen der langwierigen Einreiseformalitäten auch für Transitreisende mit dem Risiko behaftet, dass der Anschlussflug nicht erreicht wird. Je nach Länge und Zahl der Stopps auf den einzelnen Verbindungen beträgt die Reisedauer 16 bis 24 Stunden. Einige Airlines erlauben kostenlose Stopovers oder Gabelflüge, was Variationen der Reiserouten erlaubt. Die Preise schwanken je nach Saison.

Für Vielflieger im Land ist vor allem bei begrenztem Zeitbudget die Anschaffung eines Airpasses (TANS oder LanPerú) eine Überlegung wert. Er ist nur in Verbindung mit einem Transatlantik-Flug im Herkunftsland erhältlich und ermöglicht günstige Flüge mit vorher definierter Couponzahl zwischen verschiedenen Städten in Peru. Für eine Südamerika-Rundreise bieten sich der All American Airpass mit über 30 Fluggesellschaften oder der Oneworld Visit South America Airpass von LanChile an.

Eine – teure – Anreise mit dem Schiff ist eigentlich nur interessant, wenn die Mitnahme eines eigenen Fahrzeugs geplant ist. In diesem Fall werden ein internationaler Zulassungsschein und ein Carnet de Passage benötigt.

Zur Einreise genügt ein Reisepass, der noch mindestens sechs Monate gültig ist. Bei Aufenthalten unter 90 Tagen benötigen Deutsche, Österreicher und Schweizer kein Visum, sondern füllen bei der Einreise eine Touristenkarte, eine Zollerklärung sowie ein Formular aus, mit dem bestätigt wird, dass man keine verbotenen Lebensmittel mit sich führt und die letzten 40 Tage nicht auf einem Bauernhof war. Nachgewiesen werden müssen ein Rückflug- oder Weiterreise-Ticket sowie ausreichend finanzielle Mittel (Kreditkarte oder Schecks).

Ein Impfpass mit Nachweis über eine Gelbfieberimpfung ist zwingend erforderlich, wenn man zwischen Peru und Bolivien hin- und herreisen will.

Für Mietwagenfahrer ist der Internationale Führerschein Pflicht. Studenten sei der Internationale Studentenausweis empfohlen.

Von allen Dokumenten sollten Kopien gemacht werden, da dies bei Verlust die Wiederbeschaffung erleichtert.

Eine spezielle Auslandskrankenversicherung mit Krankenrücktransport ist preiswert und leistet im Notfall unschätzbare Dienste.

Nach der Ankunft in Lima sollte man sich bei der Tourist-Info das Faltblatt Servicio de Protección al turista abholen. Es enthält eine nützliche rote Karte mit allen wichtigen Telefonnummern für Notfälle.

Apotheken und ärztliche Versorgung

Viele Medikamente sind in Peru rezeptfrei und preiswert in den zahlreichen Apotheken (farmacias oder boticas) zu bekommen. Diese haben bis Mitternacht geöffnet, in Lima oft sogar rund um die Uhr. Bereitschaftsapotheken sind mit dem Schild »turno« gekennzeichnet. Zumindest bei gängigen Beschwerden bekommt man auch eine praxisnahe Beratung durch das Apothekenpersonal. Eine kleine Reiseapotheke sowie speziell benötigte Medikamente sollte man mitführen. Medikamente gegen die Höhenkrankheit (sorroche), die wegen der mangelnden Sättigung des Blutes mit Sauerstoff ab einer Höhe von 2000 Metern auftreten kann, kauft man am besten vor Ort. Diese ersetzen allerdings nicht die Höhenanpassung. Der menschliche Körper braucht Zeit, um sich auf die veränderten Bedingungen einzustellen. Leichte Kost, Alkoholverzicht und ein den Kreislauf anregender Arzneitee Mate de coca und genügend Flüssigkeitszufuhr helfen dabei. Bei ernsthaften Beschwerden ist unbedingt ein Arzt aufzusuchen. Die ärztliche Versorgung ist in den

Eine alte Bahnlinie führt fast direkt von Cuzco bis nach Machu Picchu.

größeren Orten durchweg gut. Die Anschriften von deutschsprachigen Ärzten und Anwälten können bei der deutschen Botschaft oder den Honorarkonsulaten erfragt werden. In fast jedem Dorf gibt es eine Posta médica mit gut ausgebildeten Krankenschwestern, für schwerwiegendere Fälle sind die Regionalkrankenhäuser (Hospitales regionales) zu empfehlen. Magen-Darm-Störungen sind bei Touristen durch die Ernährungsumstellung und die große Höhe möglich, lassen sich aber bei Beachtung einfacher Hygieneregeln auf ein Minimum reduzieren. Vor der Reise sollte der Hausarzt unbedingt den üblichen Impfschutz überprüfen und gegebenenfalls auffrischen. Für grenzüberschreitende Reisen nach Bolivien ist eine Gelbfieberimpfung beim Gesundheitsamt nötig. Über die derzeit empfehlenswerte Malaria-Prophylaxe informieren die Tropeninstitute. Die Tabletteneinnahme muss eine Woche vor der Reise in Tropengebiete beginnen, ein zusätzlicher Schutz durch Moskitonetze und helle Kleidung ist empfehlenswert. Die extreme Sonneneinstrahlung erfordert eine Sonnencreme mit sehr hohem Lichtschutzfaktor und eine gute Sonnenbrille.

In den kleinen peruanischen Dörfern hat der gute alte »Tante-Emma-Laden« überlebt.

Autovermietung und Verkehr

In Peru gelten Rechtsverkehr und im Allgemeinen die aus Zentraleuropa bekannten Verkehrsregeln. Allerdings werden diese oft flexibel ausgelegt, und erlaubt ist grundsätzlich alles, was nicht ausdrücklich verboten ist. Die Hupe kommt vor unübersichtlichen Stellen und in Kurven zum Einsatz, ebenso an Kreuzungen, um die Vorfahrt anzuzeigen. In den Bergen haben Aufwärtsfahrende Vorfahrt. Vorsicht geboten ist jedoch speziell bei Unfällen, die häufig nach dem Muster »Der Ausländer ist immer schuld« abgewickelt werden. Als Tourist benötigt man zum Fahren eines Kraftfahrzeugs einen internationalen Führerschein und für die Anmietung zusätzlich eine Kreditkarte. Die steigende Beliebtheit des Reisens mit Pkw, Allradfahrzeug oder Campingmobil spiegelt sich im Vorhandensein zahlreicher internationaler Autovermieter.

Zu beachten ist, dass von Perus 70 000 Straßenkilometern nur rund 10 000 asphaltiert sind. Darunter fallen die 2700 km Panamericana von der chilenischen zur ecuadorianischen Grenze (teilweise mautpflichtig), die als eine der »Traumstraßen der Welt« gilt. Die drei Nord-Südverbindungen werden durch zahlreiche Querstraßen (transversales) miteinander verbunden.

Einkaufen

Peru hält alle Kategorien von Souvenirs bereit. Zunehmend macht industrielle Fertigung von Billigwaren dem traditionellen Kunsthandwerk Konkurrenz, so dass es ratsam ist, sich das Angebot genauer anzusehen. Sehr begehrt ist geschmackvoller Gold- und Silberschmuck, der sich oft an Modelle aus präkolumbianischer Zeit anlehnt. Auf Märkten gibt es preiswerte Strickwaren wie Pullover, Mützen, Handschuhe, Wandbehänge und Decken in guter Wollqualität. Alpakawolle ist besonders weich und wärmend. Kunstvoll geschnitzte und gravierte Kürbisse (Kalebassen) sind eine Besonderheit des reichen peruanischen Kunsthandwerks vor allem aus der Region Cochas/Huancayo. Puno bietet kunstvolle und bunt bemalte Diablada-Masken. Das Hochland ist ein Mekka für Fans von Kopfbedeckungen, die sich je nach Region unterscheiden. Originelle handgefertigte Musikinstrumente wie Zampoñas, Quenas oder Wankaras kauft man ebenfalls preiswert im Hochland. Um Ayacucho und Cuzco gibt es zahlreiche Werkstätten für tragbare Bildaltäre, so genannte *retablos*. Kleine Mitbringsel sind Ketten aus Hülsenfrüchten und Kernen oder *Conopas*, kleine Tonfiguren. Auf dem Markt gehört Handeln zum Geschäft und rundet das interkulturelle Einkaufserlebnis ab, in Läden gelten meist Fixpreise. Verboten ist die Ausfuhr von Antiquitäten und Kunstgegenständen, die vor 1900 entstanden sind, wie auch die Ausfuhr von Drogen. Unter Letzteres fällt nach deutschem Betäubungsmittelgesetz auch der Mate de coca.

Elektrizität

Die Netzspannung in Peru beträgt 220 Volt mit 60 Hz, in Iquitos 100 Volt mit 50 Hz. Für die Benutzung europäischer Geräte ist ein Adapter für die Flachsteckersteckdosen nötig.

Eine faszinierend fremde Welt: Der peruanische Regenwald und seine Bewohner.

Essen und Trinken

Die andine Küche entspricht in ihrer Vielfalt den unterschiedlichen Landschaftsräumen. Ihr sollte unbedingt gegenüber der auch in Peru einsetzenden Burger- und Pizzawelle der Vorzug gegeben werden. Zu Zeiten der Eroberer vermischten sich einheimische Feldfrüchte wie Kartoffeln, Chile, Maniok, Mais, Avocados, Tomaten und Erdnüsse mit spanischem Olivenöl, Knoblauch, Huhn und Schwein. Afrikanische Sklaven und chinesische Land- und Eisenbahnarbeiter steuerten weitere Gewürze und Zubereitungsweisen bei, so dass Peru heute eine kulinarische Vielfalt sondergleichen zu bieten hat. Eine Spezialität der Küste ist *ceviche* (auch *cebiche*, in rohem Zitronensaft gebeizter Fisch, überall werden *tamales*, aus Schweineschmalz und Maismehl bestehende gefüllte Pasteten, oder *anticuchos*, gegrillte Rinderherzen, angeboten. Die asiatische Küche mit andinem Einschlag findet sich in vielen Garküchen. Dazu wird Bier oder Wein aus heimischer Produktion oder auch das nationale Erfrischungsgetränk Inca Cola getrunken. Pisco Sour aus dem Weinbrand Pisco ist ein beliebter Aperitif. Das im Bergland verbreitete Maisbier *chicha* ist dagegen nicht jedermanns Sache.

Fauna

In den Höhenlagen leben die Lamas, Alpakas und Guanacos, außerdem Viscachas (Hasenmäuse), Kondore, Andengänse, Tarukas (Andenhirsche) und vereinzelt Pumas. Der Bergnebelwald bietet Rote Felsenhähne, Brillenbären, Bergtapire, Wollhaarbeutelratten und Kolibris. Dem Pflanzenreichtum im Urwald entspricht ebenfalls der Tierreichtum mit 1500 Süßwasserfischen, Mohren- und Brillenkaimanen, Riesenottern, Flussdelphinen, Anakondas sowie Ozeloten, Papageien, Tukanen und unzähligen Schmetterlingsarten. Die Küste bevölkern Pinguine, Robben, Seelöwen und viele Fischarten.

Feiertage und Feste

1. Januar: Neujahr – Año Nuevo
Februar/März: Karneval – Carnaval
März/April: Karwoche und Ostern – Semana Santa
1. Mai: Tag der Arbeit – Día de los trabajadores
Mai/Juni: Fronleichnam – Corpus Cristi
14. Juni: Bauerntag – Día de los Campesinos
29. Juni: Peter und Paul – Fiesta de Pedro y Paulo
28./29. Juni: Unabhängigkeitstag – Día de la Independencia
15. August: Maria Himmelfahrt – Virgen de la Asunción
30. August: Heilige Rosa von Lima – Santa Rosa de Lima
8. Oktober: Tag der nationalen Würde – Día de la Dignidad Nacional
1. November: Allerheiligen – Día de Todos los Santos
8. Dezember: Maria Empfängnis – Virgen de la Concepción
25. Dezember: Weihnachten – Navidad
31. Dezember: Silvester – Noche de San Silvestre/Noche vieja

Flora

Der geographischen Vielfalt des Landes entspricht auch der Reichtum der Pflanzenwelt. Während an der Küste in der extremen Trockenheit nur in den Oasen Obst, Palmen und Eukalyptus gedeihen, ist das Amazonastiefland das artenreichste Gebiet der Erde, wo zahlreiche Heilpflanzen gedeihen. Die mittleren Lagen der Andenhänge sind von Kakteen, Orchideen und Bromelien bestanden, an der Ostseite werden Kaffee, Kakao und Coca kultiviert. Die Terrassenfelder in den Hochanden produzieren seit Jahrhunderten Mais, Kartoffeln, Amaranth und Quinoa.

Fotografieren

Filme, besonders für Dias, sind in Peru teurer als in Deutschland und sollten daher in größerer Anzahl mitgebracht werden. Denken Sie auch an Filme mit höherer Empfindlichkeit (400 ASA), die im eher lichtarmen Urwald für ein gutes Bildergebnis sorgen. Digitalfotografen haben in vielen Internetcafes die Möglichkeit, ihre Fotos von der Chipkarte auf CDs zu brennen.

Wie überall auf der Welt sollte es selbstverständlich sein, Menschen nicht durch allzu aufdringliches Fotografieren zu belästigen. Die Wahrung einer diskreten Distanz oder die freundliche Frage nach einem Foto, besonders wenn sie auf Spanisch vorgebracht wird, erspart unnötigen Ärger. Besondere Vorsicht gilt bei Betrunkenen.

Geld

Seit der letzten Währungsreform 1991 ist die Nationalwährung der Nuevo Sol (Zeichen: S/., internationale Abkürzung: PEN). Zum Redaktionszeitpunkt entsprachen 1 Euro etwa 4,18 PEN. Es gibt Banknoten zu 10, 20, 50, 100, 200 Soles sowie Münzen zu 1, 2, 5 Soles und zu 5, 10, 20, 50 Centimos.
Neben Banken sind zum Geldwechsel auch die Wechselstuben, Casas de Cambio, und die autorisierten Straßenwechsler, gekennzeichnet durch Überwurf und Ausweis, zu empfehlen. Außerdem kann mit Kreditkarte bzw. an Automaten mit Maestro-Logo auch mit Scheckkarte, an den in größeren Städten zahlreichen Geldautomaten Bargeld abgehoben werden.

Geographie

Peru ist geographisch eines der abwechslungsreichsten Länder Südamerikas: Die wasserreichste Gegend der Erde, das Amazonasbecken, kontrastiert mit einem langen, schmalen, unendlich trockenen Küstenstreifen. Dazwischen eingeklemmt befinden sich das andine Hochland und die Kordilleren mit ihren Fünf- und Sechstausendern.

Hotels und Zimmerreservierung

In Peru findet man die ganze Palette an Unterbringungsmöglichkeiten, doch überwiegen je nach Gegend meist die eher einfachen Unterkünfte. In touristisch sehr stark erschlossenen Gebieten und den großen Städten ist die Auswahl an Luxushotels am ehesten gewährleistet, wie z. B. das nagelneue Fünf-Sterne-Hotel der Marriott-Gruppe in Cuzco.

Impfungen

Peru schreibt nur bei Einreise aus Gelbfiebergebieten oder beim Aufenthalt in der Amazonasregion den Nachweis einer Gelbfieberimpfung zwingend vor. Diese kann nur von speziell vom Gesundheitsamt zugelassenen Ärzten verabreicht werden und muss in den gelben internationalen Impfpass eingetragen werden (unbedingt Kopie zu Hause aufbewahren, da bei Verlust kein Ersatz). Dringend empfohlen wird jedoch eine rechtzeitige Überprüfung der auch bei uns üblichen Standardimpfungen (Tetanus, Diphtherie, Polio) und gegebenenfalls deren Auffrischung. Für kurze Peru-Reisen leistet auch eine Passivimpfung gegen Hepatitis A gute Dienste; für längere Aufenthalte lohnt sich sogar die Aktivimpfung. Nicht unbedingt nötig ist eine Impfung gegen Cholera, da diese Infektionskrankheit vor allem in sehr schlechten hygienischen Verhältnissen lebende Menschen befällt, nicht jedoch den Durchschnittstouristen.

Information für Touristen

Die peruanische Werbekommission für Tourismus PromPerú: www.promperu.gob.pe, sowie auf Deutsch http://www.peru.info/perualm.asp.
Die Peruanische Botschaft in Berlin: www.embaperu.de. Von dort wird auch auf das kulturelle Mitteilungsblatt des Außenministeriums, El Chasqui, mit interessanten Artikeln verlinkt (seit 2006 nur noch auf Spanisch).
Studienkreis für Tourismus und Entwicklung: www.studienkreis.org
Arbeitsgemeinschaft Lateinamerika: www.lateinamerika.org

Kleidung

Peru liegt nahe am Äquator, verfügt jedoch über unterschiedliche Klimaregionen, die auch beim Kofferpacken berücksichtigt werden sollten. Das »Zwiebelprinzip« ermöglicht ein Wohlfühlen bei tropisch-feuchter Hitze im Amazonasbecken ebenso wie bei nächtlichen Minustemperaturen auf 3000 Metern Höhe. Lang- und kurzärmelige T-Shirts, lange Hosen, warme Pullover (Vlies o. Ä.), Mütze, Handschuhe, warme Socken, eine wind- und regendichte Jacke evtl. mit zugehöriger Hose, Badesachen und feste, knöchelhohe, wasserunempfindliche (leichte Wander-) Schuhe sind empfehlenswert. Zum Schutz vor der starken Sonneneinstrahlung sind eine Kopfbedeckung und eine Sonnenbrille notwendig.
Denken Sie auch daran, dass kurze Hosen abseits der touristischen Zentren häufig auf Ablehnung bei den Einheimischen stoßen. Für das Amazonasbecken sollten Sie unbedingt helle, leichte, lange Kleidung einpacken. Ein übermäßig schmuddeliges Erscheinungsbild wird nicht unbedingt gern gesehen und lässt bei Grenzkontrollen die Aufmerksamkeit der Beamten sprungartig ansteigen.
Da es in etlichen Hotels einen Wäscheservice und in fast jedem Ort eine preisgünstige und schnelle Wäscherei (la-

Vicunas sind die kleinsten der vier Kleinkamele, die es in Südamerika gibt.

vandería) gibt, können Sie sich bei der Anzahl der eingepackten Kleidungsstücke beschränken, zumal die vielen schönen Alpaka-Pullover auf den Märkten zum Einkaufen geradezu verleiten.

Klima und Reisezeit

Peru liegt südlich des Äquators. Daher unterscheiden sich die Jahreszeiten nicht so sehr hinsichtlich der Temperaturen, sondern vielmehr hinsichtlich der Feuchtigkeit.
In den Anden ist es von Mai bis September kühl, aber klar und trocken, während die Temperaturen von Oktober bis April höher sind, aber die Berggipfel dann häufig in feuchtem Nebel liegen. Im Amazonasbecken herrschen immer hohe Temperaturen, dazu kommt von Januar bis April eine hohe Luftfeuchtigkeit bei bis zu 35 °C. Der Küstenstreifen ist zwar ganzjährig trocken, doch besonders Lima ist von April bis November in eine nasskalte Nebeldecke, die so genannte garúa, gehüllt. Den Rest des Jahres scheint in der Hauptstadt die Sonne bei 20 bis 26 °C.

Literaturtipps

Arguedas, José María, Die tiefen Flüsse, Frankfurt 1985.
Beyer, Heiko und Friedrich, Markus, Peru, Das Erbe der Inka. München 2005.
Boezkes, Manfred/Gockel, Wolfgang/Höhl, Manfred, Alt-Peru. Auf den Spuren der Zivilisation, Hildesheim 1993.
Ferreira Schmidt, Kai, Peru, Bolivien, Markgrönningen 2004.
Grün, Robert und Evamaria, Die Eroberung von Peru, Tübingen/Basel 1973.
Julien, Catherine, Die Inka, München 2001.
Lettowsky, Alzbeta, Gold und Macht der Inka, Köln 2001.
Morrison, Tony, Das Geheimnis der Linien von Nazca. Maria Reiches Lebenswerk, Basel/Stuttgart 1988.
National Geographic Deutschland, Das Vermächtnis der Inka, Mai 2002.
Nicolaisen, Arne/Waterkamp, Rainer, Peru. Im Reich der Inka, München 2002.
Prescott, William, Die Eroberung Perus, München 1986.
Quilter, Jefrey, Die Schätze der Anden, München 2005.
Seeler, Rolf, Peru und Bolivien, Köln 2001.
Vargas Llosa, Mario, Das grüne Haus, Frankfurt 1976.
Vargas Llosa, Mario, Tod in den Anden, Frankfurt 1998.
Vargas Llosa, Mario /Corral Vega, Pablo, Anden, Hamburg 2002.
Von Oertzen, Eleonore/Goedeking, Ulrich, Peru, München 2004.
Wassermann, Jakob, Das Gold von Caxamalca, Stuttgart 2001.

Notrufe

Bei Problemen kann man sich an das INDECOPI (Instituto de Defensa de la Libre Competencia y de la Protección de la Propiedad Intelectual) wenden, das unter der Telefonnummer 0 80 04 25 79 eine gebührenfreie, auch englischsprachige Servicenummer für Touristen eingerichtet hat. Außerdem ist INDECOPI über 0 12 24 78 88 oder 0 12 24 86 00 und der E-Mail-adresse: tour@indecopi.gob.pe zu erreichen. Auch die freundliche und englischsprachige Touristenpolizei (Policía de turismo y ecología) hilft in größeren Städten kompetent weiter.
Der allgemeine Notruf lautet 105.
Die Deutsche Botschaft in Lima befindet sich in der Avenida Arequipa 42 02-42 10, Lima 18 (Miraflores).
Telefon 0 05 11/2 12 50 16,
Fax 0 05 11/4 22 64 75,
E-Mail: kanzlei@embajada-alemana.org.pe, www.embajada-alemana.org.pe
Die Österreichische Botschaft ist in Lima zu finden: Av. Central 643 (Miraflores).
Telefon 0 05 11/4 42 05 03,
Fax 0 05 11/4 42 88 51.
Die Schweizerische Botschaft in Lima ist in der Av. Salaverry 3240 (San Isidro).
Telefon 0 05 11/2 64 03 05.

Öffnungszeiten

Es gibt in Peru keine festen Ladenschlusszeiten. Während der Kernzeit von 10-18 Uhr sind grundsätzlich alle Geschäfte, Reisebüros und Postämter geöffnet. In kleineren Orten ist oft von 13-15 Uhr Mittagspause, in Städten dagegen durchgehend geöffnet. Große Supermärkte sind in Lima häufig täglich 24 Stunden geöffnet. Apotheken und Dienstleister im Familienbesitz haben ebenfalls lange Öffnungszeiten. Banken sind wochentags von 9-18 Uhr und samstags von 9.30-12.30 Uhr für ihre Kunden da. Die Öffnungszeiten der Museen variieren so häufig, dass man sich vor Ort erkundigen sollte.

Bei Nacht erwacht die Geschichte in den alten Mauern Cuzcos wieder zum Leben.

Sonnenuntergang an Limas Küste.

Peru im Internet

www.peru.com: die wichtigsten Reiseziele
www.peru.info und www.peru.org: umfassendes Portal der peruanischen Tourismusbehörde PromPerú, teilweise auch auf Deutsch
www.enjoyperu.com: umfassende Seite eines Reiseveranstalters mit vielen Informationen zum Land, auch auf Deutsch
www.amarillastelefonica.com: gelbe Seiten mit Anschriften von Unterkünften, Mietwagenfirmen, Krankenhäusern etc.
www.perurail.com: Zugverbindungen
www.rumbosdelperu.com: schön gemachtes Reisemagazin, teilweise auf Deutsch und Englisch
Ausgewählte Museen:
El Señor de Sipán, Lambayeque: www.sipan.perucultural.org.pe
Museo de Arqueología y Antropología, Lima: www.museoarqueologiasanmarcos.perucultural.org.pe/
Museo Arqueologíco Rafael Larco Herrera, Lima: www.museolarco.perucultural.org.pe/

Post

Da es keine öffentlichen Briefkästen gibt, können Briefe und Sendungen nur auf dem Postamt aufgegeben werden. Die Postlaufzeit nach Europa beträgt ungefähr eine Woche. Besonders wichtige Briefe können per Einschreiben verschickt werden. Der Luftpostpaketversand ist sehr teuer (10 kg ca. 95 Euro). Postlagernde Sendungen können auf dem Postamt, bei den Botschaften und Generalkonsulaten sowie, sofern man American-Express-Reiseschecks oder Kreditkarten besitzt, im Büro der Gesellschaft abgeholt werden.

Restaurants

Peru bietet für jeden Gaumen und Geldbeutel etwas. Unschlagbar günstig sind die diversen »Fressmeilen« der Märkte, wo man für 1-2 Euro vorzüglich satt wird. Gerade in einfachen Restaurants bekommt man für 2-4 Euro eine reichliche und köstliche Portion regionaltypischer Gerichte, die häufig als schon vorbereitete Tagesmenüs angeboten werden. Bei Beachtung gewisser Hygienestandards hat auch der Darm in solchen Lokalen nichts zu befürchten. Die *chifas*, asiatische Garküchen, servieren chinesisch-peruanische Gerichte. In abgelegenen Gegenden ist die Auswahl erfahrungsgemäß etwas geringer, da sie von dem abhängt, was gerade auf dem Markt erhältlich ist. In den Städten hat man dagegen eine schier unüberschaubare Auswahl auch an nobleren Restaurants, nach oben ist der Preismarge keine Grenze gesetzt, zumal die 19 % Mehrwertsteuer und 10 % Service in den teuren Lokalitäten in der Regel erst auf der Rechnung, nicht aber auf der Karte erscheinen. In den Städten findet man auch europäische Küche, doch sind eine vornehme Ausstattung und ein saftiger Preis nicht unbedingt ein Garant für kulinarische Höchstleistung. Der beste Indikator für leckeres Essen ist immer noch ein mit vielen Einheimischen gefülltes Restaurant.

Rundreisen/ Stadtrundfahrten

Die ARGE Lateinamerika hält auf ihrer Webseite (www.lateinamerika.org) Adressen von mit dem ARGE-Gütesiegel ausgezeichneten Veranstaltern bereit. Daher ist hier nur eine kleine Auswahl genannt.
Der Freiburger Veranstalter avenTOURa mit eigener Incoming-Agentur in Cuzco bietet Gruppen- und Individualreisen sowie Ausflugspakete:
avenTOURa GmbH
Rehlingstr.17
D-79100 Freiburg
Tel. 07 61/21 16 99-0,
Fax 07 61/21 16 99-9
www.aventoura.de
Dertour bietet Rund- und Gruppenreisen sowie viele Wahlmöglichkeiten nach dem Baukastensystem:
Dertour GmbH & Co. KG
Emil-von-Behring-Str. 6,
60439 Frankfurt
Tel. 0 69/95 88 53 04,
Fax 0 69/95 88 53 24
www.dertour.de
Gebeco und seine Marke Dr. Tigges stehen für die klassische Studienreise:
Gebeco / Dr. Tigges
Holzkoppelweg 19, 24118 Kiel
Tel. 04 31/54 46-0,
Fax 04 31/54 46-111
Internet: www.gebeco.de
Vor Ort gibt es eine Vielzahl kleiner und größerer, lokal und überregional agierender Veranstalter, bei denen je nach Bedarf einzelne Leistungen oder ganze Rundreisen eingekauft werden können.
Vorsicht ist bei den Agenturvertretern geboten, die Ankommende direkt am Flughafen abfangen und unter dem

Die großen Aras sind die Stars an der Lehmlecke.

Hinweis, Peru sei ein gefährliches Land, zu überteuerten Gruppenreisen überreden wollen. Empfehlenswert für ökologisch vertretbaren Tourismus, u. a. Inka Trail und vor allem das Manu-Biosphärenreservat, ist z. B.:
Amazon Trails Peru
Calle Triunfo 342, Cuzco
Mobiltelefon 00 51/9 74 17 35,
Fax 00 51/84 43 74 99
www.amazontrailsperu.com
(auf Deutsch, Englisch, Französisch, Spanisch usw.)

Sicherheit

Peru ist in den letzten Jahren deutlich sicherer geworden. Nach der Zerschlagung der Sendero-Luminoso-Spitze droht keine große terroristische Gefahr mehr; nichtsdestotrotz gilt in manchen Gegenden immer wieder der Ausnahmezustand. Bewaffnete, aber unblutige Raubüberfälle werden hin und wieder aus der Region Ica-Pisco-Paracas gemeldet. In den Großstädten und bei Menschenansammlungen ist es geübten Taschendieben ein Leichtes, Geld und Wertgegenstände an sich zu nehmen. Gesunder Menschenverstand und die Beachtung einiger Regeln beugen vor: Geld und Wertgegenstände immer am Körper tragen, Fotoapparate und Videokameras nicht ostentativ herumzeigen, in den Hotels Safe benutzen, sich nicht allein in abgelegenen Gegenden bewegen, Slums meiden, Gepäck stets im Auge behalten, sich nicht ablenken lassen, möglichst autorisierte Taxis benutzen. Für den Schadensfall sollte man Kopien von Pass und Flugticket mitführen und sich den Notruf der Kreditkartenfirma sowie die Kartennummer notiert haben. Bei Problemen kann man sich an das INDECOPI (Instituto de Defensa de la Libre Competencia y de la Protección de la Propiedad Intelectual) wenden, das unter 0/8 00/4/25 79 eine gebührenfreie, auch englischsprachige Servicenummer für Touristen eingerichtet hat. Außerdem ist INDECOPI über 01-2 24-78 88 oder 01-2 24-86 00 und tour@indecopi.gob.pe zu erreichen. Auch die sehr gut geschulte, freundliche und englischsprachige Touristenpolizei (Policía de turismo y ecología) hilft in den touristischen Zentren. Für Meldungen bei der Reisegepäckversicherung sowie bei Passverlust ist eine Anzeige bei der Polizei nötig. Bei Überlandbusfahrten bieten Reisen bei Tage nicht nur die schönere Aussicht, sondern auch erhöhten Schutz vor übermüdeten Fahrern und unübersichtlichen Verkehrssituationen. Aktuelle Sicherheitshinweise hält das Auswärtige Amt bereit:
www.auswaertiges-amt.de

Sprache

Staatssprache ist Spanisch, das man in Peru »castellano« nennt. Darüber hinaus ist die indigene Sprache Quechua, die von 1975 bis 1979 sogar ebenfalls Staatssprache war, im Hochland weit verbreitet und ersetzt in abgelegenen Gegenden das Spanische. Auch Aymara-Sprecher sind in der Andenregion häufig; im Amazonasbecken verteilen sich rund 250 000 Menschen auf rund 40 Ethnien mit eigenen Sprachen. Englisch wird nur in den Touristenzentren von meist jüngeren Leuten gesprochen.

Sport

Peru ist ein Eldorado für Bergsteiger und Trekker. Neben dem schon fast obligatorischen Inkatrail nach Machu Picchu bietet das alte Wegenetz des Camino Real auch für weniger ambitionierte Wanderer schöne Touren. Die Cordillera Blanca und die Cordillera Vilcabamba bieten anspruchsvolle hochandine Gipfelstürme. Auch Reittouren sind in den meisten Gebirgsregionen mit lokalen Pferdevermietern möglich.
Nicht nur auf der Panamericana, sondern auch im Hochland trifft man zunehmend Mountainbiker an. Zentren wie Cuzco bieten auch Radverleih an. Wunderschöne Strecken gibt es z.B. im Urubamba-Tal, am Titicaca-See oder in der Gegend um Huaraz. Ein besonderer Kick ist die Abfahrt von Cuzco über Tres Cruces in den Regenwald. www.pedalperu.com, www.bikeamerica.de.
Surfer kommen in Chicama, Punta Sur oder Punta Rojas voll auf ihre Kosten.
Auf dem Río Colca, dem Río Apurimac und dem Río Cotohuasi bieten Rafting-Veranstalter abenteuerliche Touren an.

Strafrecht

Peru fährt einen harten Antidrogenkurs. Sowohl Drogenbesitz als auch -handel gelten als Verbrechen und werden mit sehr hohen Gefängnisstrafen geahndet. Personen im Besitz von Kokain oder anderen Drogen müssen mit sofortiger Verhaftung sowie einer Haftstrafe in Höhe von 2 bis 25 Jahren rechnen. Peruanische Gefängnisse entsprechen hinsichtlich der Hygienestandards und der Lebensmittelversorgung nicht europäischem Standard und sind zum Teil extrem überbelegt. Jeglicher Kontakt mit Drogen sowie zu Ihnen unbekannten, aufdringlichen Personen sollte daher vermieden werden. Die getrockneten Blätter des Kokastrauchs, die in den Andenländern gekaut oder als Tee genossen werden, fallen nicht unter diese Bestimmungen.

Telefon

Die Vorwahl für Deutschland ist 0049, für Österreich 0043 und die Schweiz 0041. Die kostenlose peruanische Auskunft ist unter 103 zu erreichen. Die private Telefongesellschaft Telefónica del Peru und die nur in Lima verbreitete Firma La Compañía Peruana de Teléfonos (Telepoint) geben jeweils eigene, nicht untereinander kompatible Telefonkarten mit verschiedenen Beträgen heraus. Ein Dreiminutengespräch nach Europa kostet knapp drei Euro; deutlich günstiger wird es in den zahlreichen Internetcafes. Telefonbüros haben meist von 8 bis 22 Uhr geöffnet.

Touristenbüros

In allen größeren Orten gibt es Touristenbüros, die meist an zentralen Plätzen liegen und Stadtpläne und Besuchsinformation bereithalten. In den wichtigsten Zentren sitzt auch i-Peru (Información y asistencia al turista), die auch eine 24-Stunden-Hotline hat: 574-8000. Darüber hinaus hilft an den Hauptsehenswürdigkeiten bei Problemen die sehr gut geschulte, freundliche und englischsprachige Touristenpolizei (Policía de turismo y ecología, dirpolture@hotmail.com).

Trinkgeld

In Restaurants sind 10 % des Rechnungsbetrages üblich. In Hotels mit Kofferservice erwartet der Page einen Dollar pro Gepäckstück, ebenso das Zimmermädchen. Bei gebuchten Ausflügen und Trekkingtouren gibt man Fahrer, Koch und Führer je 5 Dollar.

Verkehr

Neben dem eigenen Mietwagen (siehe Autovermietung) und lokalen Fluggesellschaften (siehe Anreise) stehen Bus und Bahn als Verkehrsmittel zur Verfügung. Das Schienennetz umfasst nur noch wenige Hauptstrecken (Lima-Huancayo, Cuzco-Machu Picchu, Cuzco-Mollendo) sowie einige Neben- und Stichstrecken. Das Busnetz ist dagegen flächendeckend ausgebaut. Größere Städte werden mehrmals täglich angefahren, und sogar in die entlegensten Dörfer fährt noch zur Regenzeit ein Bus. Es gibt mehrere Fahrzeug- und damit verbunden Preisklassen, vom klapprigen »Hühnerbus« bis zum vollklimatisierten Luxusbus mit Schlafsitzen. Innerorts gibt es neben preiswerten Taxis oder dreirädrigen Mototaxis/Motocarros meist auch Colectivos und Trufis, Sammeltaxis mit festen Routen. Im Tiefland, wo es kaum Straßen gibt, ist neben dem Flugzeug das Schiff oft das einzige Verkehrsmittel. Populäre Verbindungen sind Pucallpa stromabwärts nach Iquitos und Iquitos nach Leticia im Dreiländereck.

Zeit

Der Zeitunterschied beträgt sechs Stunden zur Mitteleuropäischen Zeit, was während der Sommerzeit sieben Stunden ausmacht.
Im Allgemeinen hat das andine Zeitverständnis leicht abweichende Vorstellungen von europäischer Pünktlichkeit (hora inglesa genannt). Wer eine Stunde später als verabredet erscheint, ist nach landläufiger Meinung immer noch pünktlich, wer auf den Gongschlag zu einer Einladung in Lima erscheint, holt den Gastgeber vermutlich gerade aus der Dusche. Je abgeschiedener der Ort, um so uneuropäischer das Zeitverständnis. Viele Indígenas messen auf dem Altiplano die Zeit noch immer in *coquedas*, dem Zeitraum, den man braucht, um eine Portion Coca zu kauen.

Zoll

Peru erlaubt neben den üblichen Geräten wie Fotoapparat, Taschenradio etc. die Einfuhr von 2,5 Litern Spirituosen, 40 Zigaretten oder 50 Zigarren, 2 Kilogramm Lebensmittel und Geschenke im Wert von 300 Euro. Streng verboten und strafrechtlich relevant ist die Ausfuhr von archäologischen Funden oder Kunstgegenständen aus der Zeit vor 1900.

Die auffällige Färbung dieser Schlange signalisiert deutlich: »Fass mich nicht an!«

Register

Produktmanagement: Susanne Caesar
Textlektorat: Jasmin Rassadi-Seiffert
Layout: graphitecture book, Rosenheim
Repro: Repro Ludwig, Zell am See
Umschlaggestaltung: H3A unter Verwendung eines Fotos von Heiko Beyer
Kartografie: Astrid Fischer-Leitl, München
Herstellung: Christine Herzer, Bettina Schippel
Printed in Italy by Printer Trento

Alle Angaben dieses Werkes wurden vom Autor sorgfältig recherchiert und auf den aktuellen Stand gebracht sowie vom Verlag geprüft. Für die Richtigkeit der Angaben kann jedoch keine Haftung übernommen werden.

Für Hinweise und Anregungen sind wir jederzeit dankbar. Bitte richten Sie diese an:

Bruckmann Verlag
Postfach 80 02 40
D–81673 München
E-Mail: lektorat@bruckmann.de

Besonderer Dank gebührt neben meinen langjährigen Partnern Dr. Heiko Beyer und Markus Friedrich von Vision21 auch Sabine Fritz und Adelheid Herrmann-Pfandt für einen Winter in Deutschland, der dennoch ganz im Zeichen Perus stand, und Lucy Pérez, die vor Jahren die Liebe zu ihrem Heimatland mit mir teilte.

Bildnachweis:
Alle Abbildungen des Umschlags und des Innenteils stammen von Heiko Beyer und Markus Friedrich.

Bildnachweis:
Umschlagvorderseite: Ein Quechua Mädchen präsentiert stolz ein Zuchtlama (im Hochtal der Stadt Cuzco).
Umschlagrückseite: Machu Picchu
Seite 1: Die Neugier hat gesiegt: Zwei Kinder beäugen den Besucher aus Deutschland
Seite 2/3: Machu Picchu, die verlorene Stadt der Inka

Die Deutsche Bibliothek – CIP-Einheitsaufnahme
Ein Titelsatz für diese Publikation ist bei Der Deutschen Bibliothek erhältlich.

ISBN 978-3-7654-4470-8